高校心理健康教育丛书

主审　申小蓉

园艺疗法在高校生命教育中的应用与实践

YUANYI LIAOFA ZAI GAOXIAO SHENGMING JIAOYU ZHONG DE YINGYONG YU SHIJIAN

主　编　王海星　李　媛

编委会（以姓氏首字母为序）：

陈　亚　陈　卓　桂　阳　洪　瑛　李　超

李　玥　钱云飞　任　翎　王书巍　王　吉

电子科技大学出版社

University of Electronic Science and Technology of China Press

·成都·

图书在版编目(CIP)数据

园艺疗法在高校生命教育中的应用与实践 / 王海星，李媛主编. — 成都：电子科技大学出版社，2022.12
ISBN 978-7-5647-9948-9

Ⅰ. ①园… Ⅱ. ①王… ②李… Ⅲ. ①观赏园艺—应用—生命哲学—教学研究—高等学校 Ⅳ. ①B083

中国版本图书馆CIP数据核字（2022）第206853号

园艺疗法在高校生命教育中的应用与实践

王海星　李　媛　主编

策划编辑　郭蜀燕　魏祥林
责任编辑　魏祥林

出版发行　电子科技大学出版社
　　　　　成都市一环路东一段159号电子信息产业大厦九楼　邮编　610051
主　　页　www.uestcp.com.cn
服务电话　028-83203399
邮购电话　028-83201495

印　　刷　四川煤田地质制图印务有限责任公司
成品尺寸　148mm×210mm
印　　张　5.5
字　　数　160千字
版　　次　2022年12月第1版
印　　次　2022年12月第1次印刷
书　　号　ISBN 978-7-5647-9948-9
定　　价　28.00元

课堂及活动实录

草莓花盆

移栽

插花：冬天里的小花束

给猫咪搭个窝

编花环

探索校园

插花：美美与共

插花：和小组同学在一起

大树冥想

分享拓印作品

分享我的花盆

探索校园：森林中的形状

五感花园实践

品味花草茶

美化校园

押花卡片

探索校园：银杏季节

五感盲行

毕业季的自行车花园

修枝剪叶

制作菜地标志牌

自留地：收获季

扎染

下地劳动

拓印

三生教育实践基地

筹备光电五育花园

三生教育实践基地：后勤苗圃

三生教育实践基地：光电五育花园

三生教育实践基地：五感花园

三生教育实践基地：香农花园

五感花园：触觉区

五感花园：视觉区

五感花园：春天

五感花园：听觉区

五感花园：味觉区

五感花园：嗅觉区

目　录

绪　论

生命教育专家对于什么是生命教育，以及生命教育的内涵有不同的观点。王东莉教授认为，生命教育是一种多层次地认识生命本质、理解生命意义、提升生命价值的教育。刘济良教授在其著作《生命教育论》中指出，生命教育应该关注生命的个体性、完整性、过程性和人文性，关注生命才是教育的本真所在，并且真正健康、完善的教育应当是自然生命教育、价值生命教育、智慧生命教育、超越生命教育四者的有机统一。冯建军教授认为，生命教育的内涵主要是教人认识生命、保护生命、珍爱生命、欣赏生命，探索生命的意义，实现生命的价值。

基于对生命教育的理解，生命教育工作者认为，生命教育不仅要关注人的身体健康，更要培养人健全的心智和完善的人格，同时也要让人学会与自然和谐相处，充分感悟生活的价值和生命的意义。当前，还有学者提出有关生命、生存、生活的问题都应该被一并纳入到现行的生命教育范畴当中。例如，赖念华认为，在大学校园中开展与落实生命教育，应该从两方面入手：一方面为积极的预防推广、教育宣导、讨论辩证等，让学生明白生命的意义和价值；另一方面为消极面的落实，即当校园出现危机事件后，让学生重新审视生命的意义。冯建军教授认为，从生命教育的组织实施来看，当前的生命教育有不同的侧重点，但生命教育不应仅仅局限于此，对生命教育的理解应该跳出工具层面，致力于生命的全面发展。生命教育的内容不仅包括珍惜自己与他人的生命，避免个体做出危害自己、他人和社会的行为，同时也包括培养个体积极、进取的生命价值观，即能够与他人、社会建立良好的互动关系，尊重自己的生命，关爱他人的生命，活出人生的精彩。

具体到生命教育的组织实施，大部分学校的生命教育仍然是以专题讲座的形式呈现的。我们认为，生命教育不仅仅是知识层面的教育，还应该让学生通过实践来体会，激发学生的思维，让学生对周围的事物有更多的理解和思考。只有这样，我们才能将生命的意义落实到每日的生活中。

在本书中，我们重点关注生命教育中的“热爱生命与热爱生活”这一部分，尝试将园艺疗法这种感受性和体验性较强的方法应用于大学生的生命教育中，借助植物与大自然的力量做好大学生生命教育。

理 论 篇

第一章
高校生命教育现状

习近平指出，青年是国家的前途、民族的希望，是实现中华民族伟大复兴的强大力量。大学生群体是青年的中坚力量和重要组成部分。随着社会的发展，各种威胁心理健康的因素影响着人们的生活，因此，探索开展有效的生命教育模式非常必要。

一、生命教育的重要性与必要性

当前，青少年的心理健康问题日益严峻，教师在实际的心理健康教育工作中也面临诸多困难，包括以下几个方面。

1. 学生的空虚感、无意义感明显

埃里克森的人格发展八阶段理论提到，大学生正处于自我同一性和角色混乱的冲突后期，处于该阶段的个体往往会迷茫，存在不能熟悉自身的感觉。从危机的分类来看，大学生在该阶段往往会出现存在性危机。存在性危机是指伴随着重要的人生问题，个体内部出现的冲突和焦虑。对意义的追寻贯穿在大学生群体中，但也有同学会说，“每天的生活三点一线，觉得很没有意思，不想过这样的生活，但是又不知道该如何改变”“天天学习有什么意义，感觉极其空虚、孤独，体会不到自己的价值”“生活、学习都不是自己的内在需要，而是被外部力量迫使的”。对此，徐凯文教授提出了“空心病”的概念来描述个体这种缺乏价值观、不知道自己要什么、不知道自己为什么活着的现象。如果空虚感、无意义感持续存在，便有可能导致发展性危机。

2. 抑郁等精神障碍高发、早发

一个来自全球21个国家5600多名大学生的调查结果显示，20.3%的大学生在既往12个月存在DSM-IV中的精神障碍，其中83.1%的学生在入学前就存在精神障碍，并且只有16.4%的学生接受过治疗。中国青少年研究中心的一项青少年心理健康专题调查显示，在14～35岁的青年中，近三成的青年有抑郁风险，近一成的青年有抑郁高风险，超过半数的青年有不同程度的焦虑问题。其中，中学在读学生中存在抑郁高风险的比例为7.7%，高校在读学生中存在抑郁高风险的比例为6.6%。

3. 联结匮乏

研究人员在对某校2016年至2022年的大一新生进行调查时发现，符合“朋友多，且可以利用朋友资源”条件的学生的比例在不断下降。随着新媒体的出现，大学生的人际交往更加便捷，但也出现了新的人际问题，例如人际交往信任度降低、人际交往需求减少、对虚拟现实环境的依赖导致与周围人的联结减少等。2021年，《半月谈》杂志刊登了《学习无动力、真实世界无兴趣、社交无能力、生命无价值感：青少年遭遇“四无”心理风暴》一文，讨论了为何在社会稳定、物质丰富、父母关爱的情况下，青少年的心理问题发病率却连年增长。青少年厌学，缺乏对真实世界的兴趣与人际交往能力，出现明显的无意义感，这些问题无疑要引起人们的重视。约翰·哈里在《失联》一书中提到抑郁的本质是失去联结，包括失去与有意义的工作的联结、与他人失联、与有意义的价值观失联、与自然失联、与安全而有希望的未来的失联等。因此，在生命教育的过程中，增加有意义的联结非常重要。

4. 新时期新变化

一项面向近两万名大一新生的调查发现，“00后”大学生群体的思维更加灵活，性格更加自信乐观，价值取向更加多元，自我意识更强，维权意识更强，人际冲突和矛盾更难调解，等等。该群体的心理健康水平总体向好，更愿意倾诉也更容易被干预。一些学生对真实交往更为敏感，更容易紧张焦虑，现实感较弱。另一项研究发现，当前的大学生群体的心理分化现象更加明显。部分大学生刻苦好学，收益颇丰，不断精进；部分大学生消极懈怠，消磨时间，荒废学业。研究者认为，大学生心理分化是社会经济发展到一定阶段的产物，同时，大学生受到社会价值观念多元化的冲击，这会使得个人认知和追求目标出现差异化。

在大学生心理健康教育所面临的严峻形式下，做好大学生生命教育工作显得尤为重要且迫切。出现“危机”的同时也意味着“转机”和“生机”。探索有效的生命教育模式，做好生命教育，在大学生群体中共同探讨生命的意义和价值，帮助青年学生树立正确的生命观，是心理健康教育的一道曙光。

二、生命教育的现状

1. 独立生命教育课程体系缺失

当前，关于大学生生命教育课程的相关调查表明，仅有9.17%的学校开设有独立的生命教育课程，并且大部分学校的生命教育课程仍然是以专题讲座的形式呈现，其内容涉及对人生观、世界观、价值观的讲述，但缺乏独立的体系。

2. 生命教育形式以知识讲授为主，缺乏体验与实践操作

当前，高校的生命教育多附属于思想政治教育和心理健康教育，其内容过于理论性，忽视参与者的丰富情感与生活体验。尽管调查结果显示，多所高校都对大学生开展了生命教育活动，例如开设生命教育相关课程、开展生命教育主题班会、创建生命教育知识宣传栏、组织学生社团开展生命教育主题日活动、开展生命教育主题讲座等，但很多学生认为这些形式的生命教育活动“只是在较低程度上改善了一部分学生对生命及生命意义的认识”。

3. 生命教育内容趋于集中，不能满足时代需求

相关调查结果显示，大部分高校基本上将心理健康教育、法制安全教育、艾滋病预防、基本的生存技能教育作为生命教育的主要内容，这些无疑是生命教育的必要内容，但对于新入学的“00后”的大学生而言，这些内容是不够的。新时期的大学生有自己的特点，例如网络在线时间长、电子媒介对生活的影响大等，因此新的生命教育模式应该顾及当代大学生的心理、行为特征，满足其需求。

4. 生命教育理念有待提升，缺乏生命关怀

在高校心理健康教育的实际工作中，由于个体心理咨询资源有限等原因，常常出现个体心理咨询偏重于缓解来访者现状的情况。而心理健康教育活动也往往针对一些现实压力，对个体生命的价值、意义、幸福感的介绍不足。在心理健康必修课、选修课中，生命教育的内容有待增加。换言之，高校大学生心理健康教育在引导学生珍惜生命、热爱生命的基础上，需要提升生命教育理念、内容和方法，帮助大学生提高生命意识，增加学生对生命的思考，丰富学生的生命体验，提升学生的生命幸福感。

第二章
园艺疗法与生命教育

一、园艺疗法——生命教育新思路

1. 园艺疗法

清华大学的李树华教授在《园艺疗法概论》一书中提出的园艺疗法是指利用园艺和园艺相关的活动令参与者获得福祉效益，也就是说让参与者在生理、心理、社交、认知和经济上获得正面的效益，是一种通过专门设计的园艺活动来帮助人们疗愈身心的治疗手段。园艺疗法在世界范围内的称谓也有较大差异，如日本称其为园艺疗法，美国称其为园艺治疗。根据美国园艺治疗协会的定义，园艺治疗是指对在身体和精神方面有必要进行改善的人，利用植物栽培与园艺操作等手段，使其在心理和身体等诸多方面进行调整的一种有效的方法。

园艺疗法的形式多种多样，包括与植物有关的手工制作、与植物有关的活动、疗愈性景观体验等。园艺疗法与园艺活动有区别，园艺疗法关注的是园艺疗法参与者的个人福祉利益，园艺活动关注的是植物的福祉利益。比如，在园艺活动中，人们更关心花果蔬菜的生长状态，而不是参与者是不是疲劳、辛苦。而在园艺疗法中，服务者从人与自然共生的关系出发，在评估服务对象的需要和能力后，设计具体可行的园艺治疗方案，帮助服务对象在整个园艺治疗过程中，获得生理、心理、精神与社会交往等方面的裨益，从而恢复服务对象的身体机能与精神状态。可以看出，园艺治疗涉及的范围较为广泛，服务者不仅需要具备园艺学领域的知识，还需要具备心理学、社会学等专业背景。园艺疗法的形式见表2-1所列。

表2-1　园艺疗法的形式

领域	具体形式
户外栽种	翻土、播种、育苗、移栽、扦插、修剪、除草、种植花卉、园艺景观维护活动
室内栽种	室内盆景制作、微景观制作、生态瓶制作、水培植物培育等
团体活动	分享与植物有关的故事、影片、书籍，利用植物元素开展与表达探索有关的团体辅导活动
徒步活动	参观植物园、种植园、花卉展，进行森林徒步、绿道徒步
工艺活动	植物元素工艺品制作：扎染、书签制作、植物画、压花、植物曼陀罗、种子纸、彩绘花盆等
生态研究	探讨与植物相关的土壤改良、间苗、堆肥、滴灌、攀爬架制作等活动

李树华教授在《十问园艺疗法》一文中总结了进行园艺疗法的三大必要条件：媒介、对象与目的。园艺疗法的媒介包括植物本身与植物的栽培环境、与植物生长有关的园艺活动、利用植物的活动，园艺疗法的对象是指在身心方面有必要进行疗愈的人。园艺疗法的目的在于提高参与对象在身体、精神、社会教育等方面的状态，从而提高其生活品质。

2. 园艺疗法与亲近自然

园艺疗法最早诞生于17世纪末，在近年来发展迅速。欧美国家、日本、韩国都纷纷成立园艺疗法协会。而在我国，园艺疗法的发展起步较晚，但人们非常重视园艺或者说自然与人的关系。比如说古代劳动人民在与作物相处的过程中发展出的属于中华文明智慧结晶的二十四节气，人们根据二十四节气与自然相处。例如，清明节的清明二字取自“万物皆洁齐而清明”，人们在这一天会扫墓、踏青和插柳；在端午节，人们用芦苇、箬叶包裹粽子，插艾蒿和菖蒲，佩戴香囊以驱虫等；在重阳节，人们赏菊花、插茱萸等。在与自然相处的过程中，我国人民还发展出了独特的中医和中药文化。这些都是人们在长久的生产生活中积累下来的经验，充分说明了人与自然的联结与依存。人类与大自然的关系不仅体现在时间、空间上，也体现在精神世界上，例如人们观察植物，悟出立身之道："岁寒，然后知松柏之后凋也""桃李不言、下自成蹊"等。张潮在《幽梦影》中说："艺花可以邀蝶，累石可以邀云，栽松可以邀风，贮水可以邀萍，筑台可以邀月，种蕉可以邀雨，植柳可以邀蝉。"自然、园艺与中国人的生活方式息息相关，潜移默化地影响着现代中国人的精神世界。园艺使我们与自然贴近，通过园艺活动，通过植物，我们可以体会个体的生命，并再度重回自然的怀抱。

人类生长在拥有丰富植物形态的环境中，人与植物最密切的关系是发生在人们从事园艺工作的时候，例如浇水、施肥、除草、修剪、除虫等，然而如果没有人，植物是不是能够成活并健康成长呢？答案也许就是：植物可以不需要人，但人却需要植物。人们在从事园艺工作时就仿佛游走在自己的心理花园中，因为我们对植物的所有感受都是从自身的角度出发，其实是我们自身通过眼前的植物来反观自己。园艺治疗就是这样一种治疗方法，它着重于人与植物间亲密的接触和互动，目的在于促进参与者的健康。

3. 园艺疗法的应用与发展

人类文明与自然相伴而行，人类一直受益于自然疗愈的绿色力量。长久以来，不同的国家、民族都认为特定的自然环境对人们的身心有益，自然被认为是一个有治疗意义的辅助工具。从19世纪初期，本杰明·拉什提出从事农作与病人健康状况有关这一观点至今，园艺疗法被广泛应用于社交催化、教化矫治、技能培训、康复康养、心灵疗愈、特殊儿童教育、老年人照护等领域，给参与者在生理、心理、认知、社交、职业技能休闲等方面提供了诸多益处。例如，森林步道散步、疗愈花园欣赏等沉浸体验性的园艺活动能够舒缓情绪；扦插、播种、间苗、观察植物生长过程、收获采摘等参与式的园艺活动很容易引起来访者的好奇心，并使其积极思考，增加其生命体验；插花、植物曼陀罗、组合植物盆栽、种子画等创造性的园艺活动能够激发参与者的创造力，使参与者不断思考、决策，最终有所表达并获得成就感；浇水、施肥、锄草等与体力劳动相关的园艺活动对参与者的身体健康不无裨益。在大多数情况下，园艺疗法都被当成现代医学的补充疗法而使用。而在日常生活中，大部分人还不能够用科学而严肃的态度将植物和园艺活动引入日常生活，即便是喜爱种植花草的人，也没有深刻地认识到植物对人的重要意义。园艺疗法对心理健康的功用见表2-2所列。

表2-2　园艺疗法对心理健康的功用

领域	功用
认知方面	提升专注力，训练记忆、逻辑思考、抽象思维等认知能力，学习新知识和技能
社交方面	获得轻松自然的话题，学会与他人相处的技巧，提供与他人合作的机会，提供与人、大自然接触的机会
情绪方面	改善自信心，减轻压力
身体方面	在轻松自然的环境下，提高服务对象的运动和活动能力；通过改良式工具、治疗景观设计，让参与者亲身体验园艺治疗活动
精神及创意方面	提供发挥创意的机会；反思人生哲理，获得精神层面的提升

园艺治疗的发展阶段见表2-3所列。

表2-3　园艺治疗的发展阶段

阶　段	时　间	特　征
萌芽期	17世纪	人们形成了自然和园艺活动对身心健康有益的朴素认识
诞生及早期实践期	18世纪至19世纪末	园艺治疗开始应用于精神障碍者
正式确立期	20世纪初至1949年	医院引进园艺治疗专职人员,有了第一个正式的园艺治疗项目,园艺治疗获得专有名称
成长成熟期	1950年至今	专业协会成立,专业资质认证,专业科研及教育系统完善,专业期刊发行,国际会议召开,社会实践丰富,服务对象扩展

研究者对园艺疗法影响参与者的身心健康这一方面做了很多的研究。帕克等人的研究表明，园艺环境可以提高人们对疼痛的忍耐力，提高人们的社会参与度和积极性。尤里奇证实，观看一系列的自然景观能够缓解大学考试带来的压力，受试者的血压、皮电反应和肌肉紧张度都比较低。在生理机能方面，郄光发等研究者以232个游人为研究对象，结果表明在森林游憩后，游人的血氧饱和度平均升高0.81%，通气量降低0.81 L/min，这说明个体情绪渐趋平稳和放松，呼吸效率增强，心脏跳动渐趋平稳，心肺功能得以改善。实证研究表明，自然景观、花叶果实的色彩和姿态、植物的味道和触感等均可以在不同程度上帮助人们消除紧张、疲劳，带来放松、愉悦的感觉，改善睡眠，缓解焦虑，维护并促进身心健康。例如，当自然中的绿色在人的视野中占到25%的比例时，能明显缓解人的不安情绪。高绿色视率的花园或者森林环境的镇静效果更佳。这些都表明以自然为主的刺激可以减轻压力，产生积极效果。

对此，美国环境心理学家卡普兰提出了注意恢复理论，注意恢复理论是以注意的主动性和被动性为出发点，以自然环境对人的心理的影响为基础进行阐释的，并且将主动注意与被动注意视为此消彼长的两种心理资源。卡普兰等人认为，自然的优美和温和对人具有主动的吸引作用，因此对于自然环境的注意，人使用的是占用较少心理资源的被动注意，与此同时，占用心理资源较多的主动注意将得到恢复，精神疲劳会得到缓解。而人们在处理除自然环境以外的城市中的相关信息时，则需要费力地使用主动的定向注意，长此以往，人会产生疲惫、烦躁等负面情绪。基于以上观点，卡普兰等人认为，自然环境可以恢复城市生活给人们带来的注意力的疲惫和涣散，从而改善情绪和感知等功能。自然是生活中有意义的一部分，人类将环境视为信息的重要来源，不断地从周围环境中接收各种各样的信息，而完成社会功能所需要的信息，大部分来自当下的环境。这些信息往往影响着我们的情绪，我们用好或坏、开心或痛苦等来评价当下或未来的情景。对信息的主观评价是人类得以维持自身功能正常的重要条件，同时这种非客观的评价系统同样也是造成很多人心理、社会功能紊乱的因素。人们对其他人进行快速的直觉性评价是一种非常常见的现象，而对环境的评估则是采用相对客观的方式。因此，把自然环境作为一种媒介来改善人的心理健康是一种非常重要且合适有效的途径。尤里奇提出了压力恢复理论，认为人类对无威胁的自然环境，例如风景元素、绿色植物元素、特定的自然景观元素的反应是即时的、无意识的，并且需要极少的认知资源来加工，因此，当人们处于无威胁的自然元素中时，能快速地从应激中恢复体力，获得积极的情绪体验，从而较快地从压力中恢复过来。

国外研究者的多项研究表明，园艺疗法对心理与行为障碍患者有较好的疗效，能够有效促进个体的身心健康。上冈博春等人对发表于1990年到2013年的园艺疗法应用于患有阿尔茨海默病、精神分裂症、双相情感障碍、抑郁症的患者，以及疗养院虚弱老人、脑卒中后偏瘫患者的文献进行综述研究，结果表明，园艺疗法对这些人群的心理健康、行为改善的一个或者多个方面效果显著。园艺疗法是治疗心理和行为障碍患者的有效治疗方法。虽然园艺疗法在中国的起步较晚，但是研究者早已开始尝试将园艺疗法应用于不同人群。李树华早在2000年就系统地介绍了园艺疗法的发展历程和治疗功效，例如在精神方面可以消除不安心理与焦躁情绪，提高活力，活跃气氛，培养激情，抑制冲动，培养忍耐力与注意力，等等。我国的王庆菊等人基于知网数据对园艺疗法文献综述的研究表明，自1994年以来，我国学者在园艺疗法研究领域共发表369篇论文，排名前10位的研究机构和学位授予机构中各有6所农林高校，被引频次较高的文献集中在园艺疗法综述、园林规划设计和心理健康教育与治疗方面。在实际实践中，我国研究者将园艺疗法应用于精神分裂症患者、抑郁症患者、自闭症儿童、双相情感障碍患者等人群，对他们进行心理与行为康复研究，效果显著。部分研究者开始将园艺疗法应用于青少年学生人群的心理健康教育中，如梁广东等人认为开展园艺疗法活动，能够让学生拥抱自然、放松身心，能够激发学生积极向上的动力，培养学生的韧性，等等。吴志雄等人的研究表明，园艺疗法能够培养大学生积极的心理品质，提高大学生的社交能力。刘鸿娇的研究表明，园艺课程能够提高大学生的心理健康水平。此外，当代大学生心理健康教育面临的困境，例如联结匮乏、无意义感、空虚感、缺乏自然接触、负面情绪等恰恰和园艺疗法中与自然亲密接触、深度体验生命、缓解情绪等一一呼应，因此将园艺疗法与大学生心理健康教育、生命教育相结合是自然而然的事情。这些均表明园艺疗法将会成为大学生心理健康教育的新方向。

第三章
生命教育园艺疗法模式

将园艺疗法应用于大学生生命教育领域，关键在于结合当代大学生的心理需求，选择恰当且合适的园艺疗法项目，融入园艺疗法的治疗理念，选取适合学生的形式与手段，围绕学生的兴趣与需求来展开活动。在尊重生命、热爱生命理念的指导下，在社会需求的推动下，笔者所在的电子科技大学心理健康教育中心自2008年起一直在学生中探索开展生命教育。十多年来，我们取得了一定的成果，也积累了宝贵的经验。尤其是自2015年开展“园艺健心”活动以来，我们看到了人与自然相处带来的无限可能性：种子的趋光性与抗压性带给人的正面的力量；在拔草、除虫的过程中所获得的平静、安宁；照顾一棵植物，体会生命的责任；等等。我们在此基础上开展了一系列的“园艺健心”特色育人项目，例如“种植·体会生命的力量”选修课程、园艺系列心理沙龙、“园艺健心”体验活动、“园艺健心”团体辅导等，初步形成了基于园艺疗法的大学生生命教育模式。

一、三生教育——理念

2015年，我们开展了以“来种一朵花儿吧”为主题的简单的种子领养种植活动，同学们展现出了极大的参与热情，大家纷纷谈到了照顾植物的责任感、收获的喜悦、成长的体验等，我们看到了园艺与心理健康教育结合的可能性，并在后来设计了更多与植物相关的心理健康教育活动，在慢慢探索的基础上形成了“三生教育”的理念，即“以生态教育为载体，以生命教育为内容，最终达到提升生活幸福感的目的”。后来，学生心理健康教育中与植物相关的园艺活动不再局限于一个花盆、一枚种子、一棵植物，而是走出教室和心理健康教育中心，走向校园。我们利用校园风景园林，利用广大校园里的一花一草，以及每一片风景、每一块土地，将“生命·生态·生活”三生教育的理念扩展为“生命·生态·生活·爱自己·爱校园·爱国家”。

二、三生教育——内容

我们在“生命·生态·生活·爱自己·爱校园·爱国家”教育理念的指导下，结合园艺疗法，设计出了多种多样、丰富多彩的生命教育内容。园艺疗法的最大特色在于其运用的媒介是多种多样的植物，而植物从萌芽到衰败有一个过程，重新播种的种子又会诞生新的生命，就这样生生不息。植物是有生命的个体，这就意味着人们在照顾植物的过程中会切身体会到“生命”的本貌，即生命的力量、生命的坚韧、生命的脆弱，也能体会到一颗种子长成一株植物的过程中所展现的自我实现的力量。另外，当我们感觉到有个生命需要自己去照顾、呵护的时候，便能增加我们对自己的肯定，让我们再度与生命联结，唤醒生命力。我们将多样化的生命教育内容分为四个系列：其一是体验生命系列，参与者通过与植物生命媒介相处，借植物萌芽、抽叶、开花、结果、衰败、死亡的整个过程体验生命，增加对生命的感悟；其二是打开五感系列，参与者通过基于视觉、听觉、嗅觉、味觉、触觉五种感官通道的各项园艺活动提升感受力，并将其迁移应用到实际生活中；其三是提升生活幸福感系列，参与者通过一系列创造美好生活的园艺活动，感受生活之美，激发热爱生活之情；其四是探索自我系列，参与者通过一系列的表达性艺术治疗的方式，用园艺疗法活动突破语言表达的限制，重新完成心理建构。生命教育园艺活动举例见表3-1所列。

表3-1　生命教育园艺活动举例

基于园艺疗法的生命教育项目设计	教育目的	系列	实时策略
园艺疗法基本理论	了解园艺疗法的基本理论和知识	体验生命	课程、团体辅导、心理沙龙
萌发豆芽,播种育苗	感受生命的力量与坚韧	体验生命	课程、团体辅导
移栽、补种及病虫害防治	感受生命的脆弱与珍贵	体验生命	课程、团体辅导
滴灌、修剪枝叶	感受付出与收获,理解联结的概念	体验生命	课程、团体辅导
打开五感,感受生活的美好	了解五感通道,了解提升感受力的重要性	打开五感	课程、团体辅导、心理沙龙
五感花园盲行	善用五感,提升感受力	打开五感	课程、团体辅导、心理沙龙、活动
花草茶与冥想	提升嗅觉、味觉感受力,学会放松	提升生活幸福感	课程、团体辅导、心理沙龙、活动
水培植物制作	感受生活的美好,感受生命的力量	提升生活幸福感	课程、团体辅导、心理沙龙、活动
植物拓印作品制作	缓解压力,纾解情绪,体会生活的美好	打开五感	课程、团体辅导、心理沙龙、活动
押花曼陀罗	探索自我,表达自我	探索自我	课程、团体辅导、心理沙龙
手绘花盆,领养植物	探索自我,体会责任感	体验生命	课程、团体辅导、心理沙龙、活动
植物微景观	探索自我,表达自我	探索自我	课程、团体辅导、心理沙龙
组合植物盆栽	表达自我,创造美好生活	提升生活幸福感	课程、团体辅导、心理沙龙、活动

续表

基于园艺疗法的生命教育项目设计	教育目的	系列	实时策略
种子纸	探索自我，情绪管理	体验生命	课程、团体辅导、心理沙龙
校园定向越野	增加校园体验感，热爱生活	提升生活幸福感	课程、团体辅导、心理沙龙、活动
大树冥想	善用五感，提升感受力	打开五感	课程、团体辅导、心理沙龙、健心活动
植物滴胶作品	艺术创作，表达自我	提升生活幸福感	课程、团体辅导、心理沙龙、健心活动
宿舍组团创作园林小景	艺术创作，表达自我，团队合作，建立联结	提升生活幸福感	课程、团体辅导、心理沙龙、健心活动
植物微景观	探索自我，表达自我	探索自我	课程、团体辅导、心理沙龙、健心活动
植物箱庭	探索自我，探索关系	探索自我	课程、团体辅导、心理沙龙、健心活动
作物收获	体验生命，体会收获的喜悦	体验生命	课程、团体辅导、心理沙龙、健心活动
森林中的五感	增强感受力，发现美好	提升生活幸福感	课程、团体辅导、心理沙龙、健心活动

三、三生教育——形式

基于园艺疗法的心理健康教育活动的实践性强、操作性强、体验性强。我们利用媒介的特色，尝试将园艺疗法应用于大学生生命教育课程、每年的“5·25”大学生心理健康节、专门的园艺疗法团体心理辅导、定期的“园艺健心”活动等相关活动中。在实际操作中，我们根据教育目的所属系列及活动组织难易程度，可以自由组合上表中举例的多项活动，分别以课程、针对特殊群

续表

原始资料	概念化	亚类属
在五感花园里对气味的感知和与花朵的亲昵，在自留地里耕作的新奇和守护的责任感，还有许许多多对我们日常生活中微小事物的探索，都是属于我们的小幸福、小快乐。重拾对生活和生命的信心与憧憬，我相信我们都能在未来的生活里像那只缺了一只角的圆一样，行速虽慢，却有无限快乐	憧憬希望	生活幸福感
上种植课的时光，是我一周里最放松的时光。我是一个比较内向的人，但经过几次分享，更善于当众表达自己的想法了。种植课让我更自信，也能让我认可并欣赏自己了	自信	积极心理品质
经过这一趟“踏青”之旅，我才明白，校园里看似普通的地方，也非常值得驻足欣赏，种满了许多我叫不出名字的植物，只可惜当时已属深秋，若是春夏，一定会更美。这一次踏青让我突然明白了之前的自己有多可笑，自己选择把生活过得单调的同时又抱怨学校的工科气息太重，没有或极度缺乏所谓的“人文气息”	生活感悟	积极认知
之后的我，经常提醒自己要用一双发现美的眼睛去看这个世界。路边的小黄花，开得很美丽，傍晚的夕阳也让我陶醉。即使在去上课的路上，我也会尝试发现身边的美，这样真的会让自己愉悦起来	感受自然之美	生活幸福感
准备考研的过程中，每当我烦躁、有压力、学不下去的时候，我就给我的草莓浇水，浇完水后，我的心情就平静下来了	平静	减少消极情绪
我的植物每天都好像比上一天更衰败，最后它枯死了。这件事情真真切切地让我体会到了生命的脆弱	生命的脆弱	生命体验

续表

原始资料	概念化	亚类属
在照顾这些植物的时候,我发现自己和他们存在一种内在的联结,两株植物当时的生命状态和我当时的状态出奇的一致。开学之初,我一直在克制自己想恋爱的欲望,很努力地在自己一人面对身边的各种事情。但是,在第二次种草莓的时候,我改变了自己的想法,努力地去追寻自己的爱情	自然联结	增加联结
我觉得插花、绘印、压花等都是很深的学问,这也让我对以后的生活充满了希望,生活不是简简单单的工作和学习,还有好多未知的领域等待着我去发掘、去体会、去感悟	希望感	生活幸福感
每当在做一些老师布置的小任务时,我都会感到一种心灵上的放松。在和同组同学的交流中,我也能感受到大家都会有一些烦恼,一旦倾诉出来就会感到轻松了不少	放松	增加积极情绪
在五感花园上课的时候可以观察很多花花草草,在后勤自留地上课的时候可以体验劳动的乐趣以及感受天地的广阔,在这样的环境下,人的心情会好很多	愉悦感	增加积极情绪
我在组里并不是一个引人注目的人,也很少是发言的那个人,但是我喜欢听他们交流,听他们讲述自己有趣的经历,也会向他们学习	增加社交	增加联结
正当我开始减弱对植物的关注时,我无意间发现了花盆里冒出了5颗幼苗,这让我感到惊喜与惊讶。惊喜的是它发芽了,惊讶的是它为什么突然长得这么快!	生命体验	生命体验

续表

原始资料	概念化	亚类属
这门课带给了我很多惊喜，让我可以静下心来做一些手工，参与一些课外活动，忘记那些课程与压力，体会一下自然的亲切与舒适	舒缓	增加积极情绪
小小的叶子，静静地浮在茶面上，扩散出清新的香。我们怀着不同的期待来到种植课，享受片刻的闲暇时光	增加社交	增加联结
生长中的植物真的充满了不确定，上一周它还是欣欣向荣，这周就长虫了。养育一个生命需要超乎我们想象的耐心和坚持	耐心	积极心理品质
忽然懂得，人生如同种花，一切都有它的规律，我一直在傻乎乎地急切地盼望它们在不应该长出幼苗的时候长出幼苗来，我应该更坦然些，而不是焦虑地期盼。我应该去享受成长的过程，从容地对待生活，耐心地期盼、等待。有付出，总会有收获	生活感悟	积极认知

四、生命教育园艺疗法模式的特点

总的来说，融入了园艺疗法相关活动及基本理论的生命教育模式有三个特点，一是与以往的生命教育课程、主题讲座相比，该疗法打破了重理论、轻实践，重知识、轻体验的窠臼，更重视操作和分享，让学生在操作的基础上认知、探索、领悟，将书本上获得的知识转化为自身的体验，从根本上影响学生的生命观、价值观。园艺活动本身并不是活动的目的，活动的真正目的在于通过带领者与学生、学生与学生、植物与学生之间的多重互动，形成丰富的、多样化的、自适应的心理健康教育环境，在潜移默化中将珍惜生命、热爱生命、热爱生活的理念传递给学生，真正达到用生命影响生命的目的。二是模式本身的趣味性、休闲性也牢牢吸引住了学生的注意力，使学生能够积极投入地参与分享、参与体验、参与活动。通过不断的互动交流，学生可以树立健康向上的信念，建立和谐良好的人际关系，获得发展。三是融入园艺疗法的生命教育模式的不同板块间既有相互联系、不断延伸的主题，也有相对独立的单元，因此可操作性强，这使得该模式可以在不同人群中进行推广。

数据最能说明问题，以选修课程为例，“种植·体会生命的力量”选修课程自开课以来，每次课程评教结果均为优秀，课程评教改革后更是获得了全部五星的好评。同学们在谈及这门课的时候常常会谈到词是“放松”“幸福”“感受到了生命的意义”等。很多同学在选课的时候果断投了100分权重，有的同学甚至连续选了三年才选上。这门课程之所以受到喜爱，正是由于其针对当前大学生心理健康教育的典型困扰，直接回应了当代青年人对于生命意义的呼唤，直接提升了同学们对于生活的满意度。

第一个困扰是很多同学感觉不到对生活、生命的热情，感觉到空虚、迷茫。生命教育是什么？狄尔泰认为意义就是生命的体验，生命的脆弱源自于意义的失落，人最不能忍受的是一种无意义的生活。生命教育的本质首先在于促进意义的生长。在“种植·体会生命的力量”课堂上，我们去创造生命的意义。在“森林中的五感”这节课里，同学们漫步校园，寻找森林中的“宝藏”“形状”“质感”“色彩”，一片叶子、一朵羽毛、一根树枝都被赋予了不同的意义。

增加生命的意义还在于增加对这个世界的感受力。在“大树冥想”这个活动中，同学们听到了森林中10种以上的声音，如窸窸窣窣的虫鸣、或低或高的鸟鸣、风拂过树叶的声音、脚步踩过落叶的声音等。在“五感盲行”课堂上，同学们蒙上眼睛，感受视觉刺激以外的世界，感受生活的美好。生命的意义也许在于在日复一日的平淡生活中多发现、多创造一些生命的美好。

第二个困扰是缺乏对生命的认知和体验。珍爱生命、热爱生活、增强面对挫折的勇气是每一位个体都急需的。这些年，我们常常会听到“卷”“摆烂”“躺平”这些词，从心理学的视角来看，这反映了个体在高竞争、高压力的环境中不断体会到挫败、失望，通过习得放弃来应对绝望和无助的现象。生命教育的园艺疗法模式以植物生命为媒材，通过萌发豆芽、播种种子、移栽间苗、浇水除草、收获采摘的整个过程，让学生体会生命的四季轮回，在与植物相处的过程中，感受生命的坚韧顽强、生命的力量和生命的脆弱。该模式还以校园风景园林为课堂，寻找校园中能够让我们增加体验和感受的一草一木。当这些寻常可见却又日常忽视的植物，突然以一种特别的姿态进入我们的观察视野时，“生命的力量”变得真实、具体、形象、可见、可触摸。常常有同学发出“树犹如此，人何以堪”的感叹，慨叹植物蓬勃的生命力。这自然令我们联想到自身的生命，进而萌生出珍惜生命、热爱生命、实现自身生命价值的朴素想法。

第三个困扰是联结的匮乏。生命教育还是关于生命关系的教育，自己与自己、自己与他人、自己与世界任何一种关系的失衡都会令个体失落、缺乏归属感。生命教育的园艺疗法模式关注关系的建立，认为生命除了自然属性还有社会属性。活动以分小组、团体辅导的形式进行，创造了一种学生与学生、学生与老师，学生与植物、植物与植物相互交织影响、多重互动、丰富、多样化、自适应的浸润性环境。从素不相识到结课后的依依不舍，几乎所有的同学在课堂上都交到了好朋友。

在当前的社会背景下，生命教育的园艺疗法模式是对独立生命教育课程的缺乏及生命教育活动中侧重知识讲授、忽视体验与操作实践等现实问题的有效补充。

设 计 篇

在理论篇中，我们详细地阐述了当前大学生心理健康教育面临的困境，介绍了园艺疗法的概念、理论、发展与应用，也谈到了园艺疗法在生命教育领域中的可行性与实践基础。在本篇中，我们将以选修课程、“园艺健心”活动、团体心理辅导、个体咨询辅助等形式为例，谈一谈如何设计基于园艺疗法的生命教育内容。

第五章
基于园艺疗法的生命教育课程设计

将园艺疗法应用于大学生的生命教育中，一方面能弥补生命教育课程开课不足，缺乏独立的生命教育课程的缺憾，另一方面克服了以往生命教育主题过于单一，重知识、缺体验，忽略参与者的丰富经验和感受的缺点。

在本章，我们以“种植·体会生命的力量”选修课程为例，谈谈如何将园艺疗法应用到学生的生命教育课程中。

【“种植·体会生命的力量”体验式生命教育课程设计】

◆ 课程理论依据

“种植·体会生命的力量”课程以“生命·生态·生活”三生教育理念为指导，以园艺疗法为基础，结合当代大学生的成长实际及成长需要进行设计。“三生教育”以生态教育为载体，以生命教育为目标，最终达到提升生活幸福感的目的。园艺疗法是一种利用植物栽培与园艺操作活动，帮助个体从心理、身体等方面进行调整的一种有效的治疗方法。“种植·体会生命的力量”课程通过户外栽种、室内栽种、团体活动、室内工艺制作等形式达到园艺治疗的目的。

◆ 课程目标

“种植·体会生命的力量”课程秉承“生命·生态·生活”三生教育的理念，通过课堂知识讲授、团体辅导活动、动手操作等形式，以达到以下教学目标：

①感受：通过具体技巧、方式提升感受力。

②生活：探索如何更好地生活，探索提升生活幸福感的方式。

③生命：探究生命的意义，追寻生命的价值。

◆ 课程形式

"种植·体会生命的力量"以团体辅导的形式进行，相当于一个为期16周的团体心理辅导。

◆ 课程设置

"种植·体会生命的力量"共16周，32个学时，每周2个学时。在16周的时间内，课程基本上能够让学生完整体验作物的整个生命周期，其开课周期也与一般课程的开课周期保持一致。

◆ 课程对象

"种植·体会生命的力量"课程是面向全校在籍本科学生（除大一新生在第一学期无法选修以外），以挂牌的形式进行的全校公开的选修课，也可以面向具体对象定向开课。例如在实际操作中，有一些学院辅导站的老师希望这个课程资源给到一些特别的学生，如人际关系困难、学业困难的学生，那么该课程可以首先邀请这部分同学参加。

◆ 课程容量

"种植·体会生命的力量"的课程容量一般在30～40人。教师也可以根据自身的教学习惯适当减少学生人数。由于该课程以团体辅导的形式进行，需要有充足的时间让学生进行小组讨论、感受分享等，因此人数太多不利于达成课程效果。

◆ 课程考核

课程考核采用考查的形式进行，期末成绩与平时成绩各占50%。其中，平时成绩包括课堂发言、小组分享、课堂作业、期中论文等，期末成绩包括小组植物生长状况互评、期末作业等。

平时成绩中，课堂发言、小组分享的成绩由平时考勤、发言的记录获得，也包括学生在学习群里对作物的照顾打卡等记录。平时成绩中的课堂作业成绩是指课堂作业的教师评分，例如任课教师对小组共同制作的园林小景作业的评分。期末成绩中的小组作物互评成绩为各小组对其他小组自留地种植作物的生长情况的打分，每个小组可以就本组植物的生长状况、成员对作物的排班照料打卡、分享整个学期的感受变化等，在小组自留地前，向其他小组进行介绍，获得其他小组的打分支持。

◆ 课程师资

“种植·体会生命的力量”课程由学校心理健康教育中心教师根据教学目标统一设计开发，邀请有兴趣的心理老师、院级心理辅导站辅导员、学校后勤具有教学资格的教师或工程师、相关专业如园林专业的教师加入课程组，统一备课、集体研讨。课程在同一个大的教学框架内进行，但不要求上成同一个样子，不同专业、工作岗位的老师可以根据自己的工作经验或不同资源调整上课内容。例如，在实践中，后勤的老师们就加入了校园水循环系统、校园大树故事分享、新校区建设传承等内容，丰富了课程体系。有实践基地的学院也可以根据本学院的实践基地设计相应的活动，例如有一门课程在开课过程中，正好遇到了本学院建设花园实践基地，于是实践基地的设计和建设也成了上课的内容。

◆ 上课地点

“种植·体会生命的力量”课程的上课地点不定，根据上课内容的不同，上课地点可能是教室、校园或自留地等。因此，本课程开课既需要有固定的一间教室，也需要提前根据课程内容安排其他种植、体验的地点。

◆ 经费支持

“种植·体会生命的力量”课程需要一定的课程经费支持，经费主要用于购买种子、芽苗、花盆、手工艺品材料、化肥等一次性耗材以及营养土、眼罩、押花板、模具、过塑机等重复性使用耗材，平均下来持平或低于一般实验课的经费。同时，该课程可以通过加大挖掘校园风景园林教育资源、设计环保课程内容的形式缩减课程经费。例如，在宿舍组团美化作业中，同学们可以利用收集到的环保材料如废旧轮胎、废旧自行车、酸奶瓶等制作园林小景，这样既能节约经费也能达到环保的效果。在我们的实践过程中，该部分经费由学校教务处支持。

◆ 注意事项

①种植的作物一般选择一年生草本植物、花卉或者蔬果（见表5-2所列），这样能够使参与者在接近4个月的课程中体验到植物的整个生命周期。

②春季学期与秋季学期均可以开课，但要注意结合季节选择合适的作物进行种植。

表5-2　种植作物选择举例

类型/季节	春季学期	秋季学期
花卉类	太阳花、凤仙花、蜀葵、金鱼草、鸡冠花、长春花、茑萝、美女樱、万寿菊、矮牵牛	格桑花、角堇、美女樱、风信子、水仙
绿叶蔬菜类	小白菜、生菜、菜心、空心菜、木耳菜、苦菊、茼蒿	小白菜、生菜、茼蒿、红菜薹、花椰菜、苋菜、韭菜、大蒜、油菜
蔬果类	番茄、小番茄、豆角、茄子、黄瓜、甜瓜、西瓜、丝瓜、土豆、红薯、玉米	胡萝卜、萝卜、樱桃萝卜、莴笋
植物类	荆芥、碰碰香	迷迭香、藿香、紫苏、小茴香

③及时组建课程学习交流群，例如QQ群或者云课堂等。一方面，同学们可以利用该群打卡作物的种植情况，记录植物在不同阶段的生长状况，记录并交流种植植物过程中的新鲜感受；另一方面，由于该课程需要根据上课内容在教室、校园、

自留地进行切换，因此教师需要用群公告提前通知同学们本周的上课地点。

④由于有大量的室外课程内容，因此有一些课程的安排需要兼顾天气变化，例如大树冥想、校园定向等课程内容无法在雨天进行，教师需要有一些备用方案。

⑤为了更有种植的特色，教师可以建议同学们在取组名的时候以植物来给小组命名，班级群的命名也可以有植物特色，例如“我的小花园”。

◆ 课程设计框架

在“种植·体会生命的力量”选修课上，学生在老师的带领下形成小组，通过团体辅导活动，如讨论与植物有关的组名、推选组长、讨论小组基本规则等，加强小组之间的凝聚力，建立小组内人与人之间的联结，初步形成安全、稳定的团体氛围，使组员在小组中有归属感，能够分享自我体验和感受。

另一方面，课程以小组园艺种植为主线任务，每个小组都有自己的自留地，小组成员需要在组长的带领下，讨论种植何种作物，设计本小组的自留地为花园或菜园。在16周的课程中，小组成员在课上、课下共同种植、养护作物，最终一起收获劳动成果。小组成员围绕作物生长体验生命的不同寻常，在种子的萌芽、长大、开花、结果、收获、衰败的自然过程中感受生命的坚韧、生命的脆弱、生命的力量，通过植物的生命感受生命的力量与脆弱。在每节课的互动中，小组成员与植物之间、小组成员之间、学生与老师之间会建立联系并相互影响。

在进行主线任务的同时，可以融入园艺疗法的相关活动，如萌发豆芽、播种种子、提炼精油、制作手工皂、品尝花草茶、手绘花盆、押花曼陀罗、制作叶脉书签、植物拓印、制作植物微景观等。这些活动以操作、体验、分享感受为主，除了提升学生的合作能力、舒缓压力、放松心情、缓解情绪，最主要的是帮助学生学会充分使用视觉、听觉、嗅觉、味觉、触觉，提升敏锐度，增强对生活的感受力，学会善于发现生活之美、生命之美，最终感受到生活与生命的美好。“种植·体会生命的力量”课程设计示意图如图5-1所示。

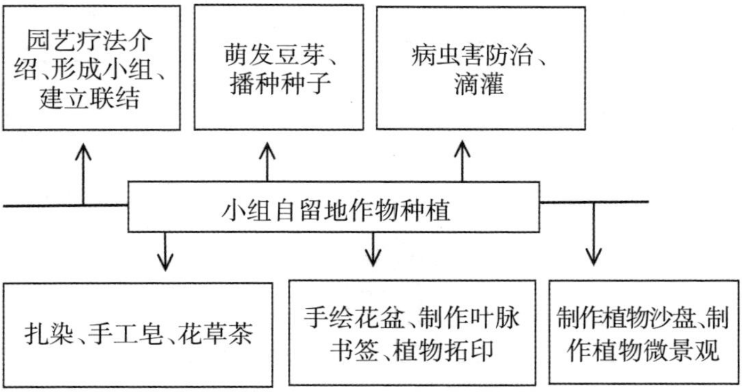

图5-1　“种植·体会生命的力量”课程设计示意图

◆ 课程具体内容

在多轮课程实践过程中，课程组基于课程有效因素及有效性的路径模型开发设计出了越来越丰富的课程内容。总的来说，课程内容分为多个系列，例如体会生命的意义系列，打开五感、热爱生活系列，增加联结系列，情绪管理系列，启发感悟、探索自我系列，等等，如图5-2所示。

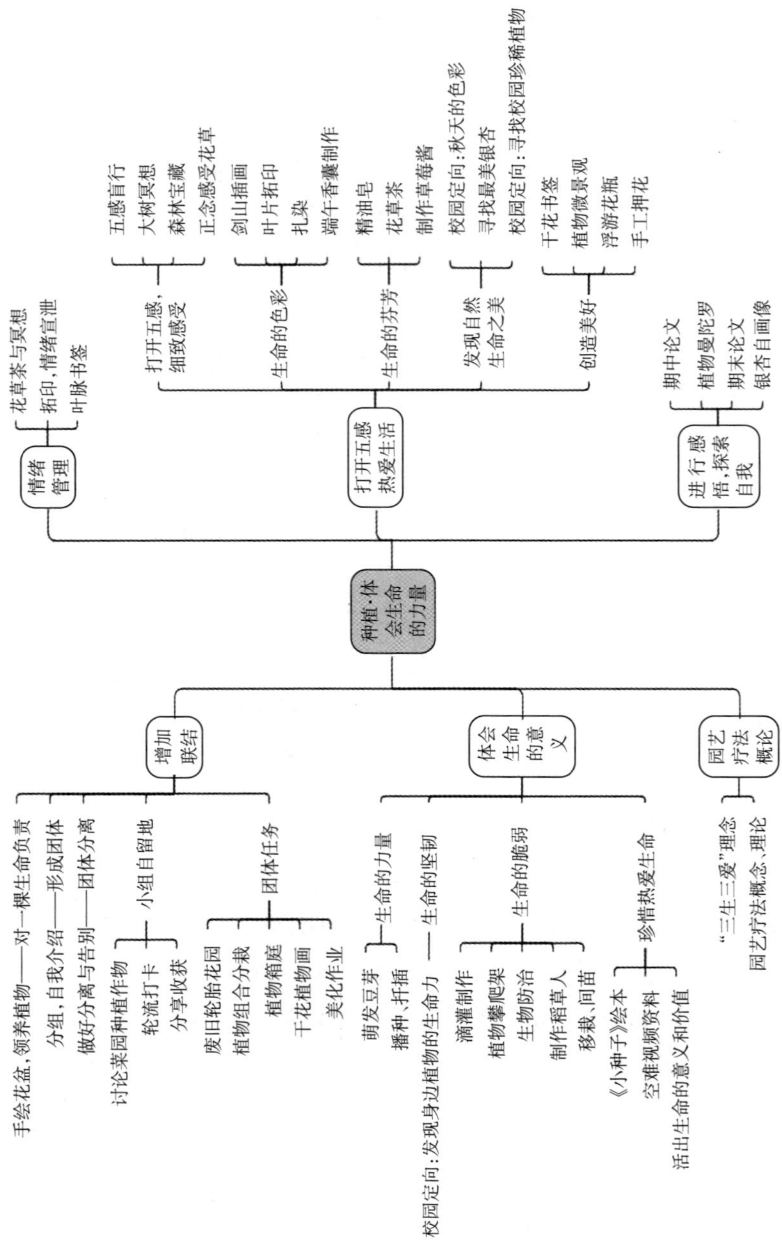

图 5-2 “种植·体会生命的力量”课程内容示例

◆ 课程设计举例（见表5-3所列）

表5-3　“种植·体会生命的力量”2021秋季学期1—18周课程安排

团体阶段	日期	课程目标	课程内容	分享讨论内容	作业布置	耗材准备	上课地点
团体初步形成阶段	第1周	介绍课程形式，进行课程准备	1. 课前量表（为了保证课程效果）； 2. 园艺与心理健康（PPT）； 3. 园艺疗法概论； 4.“种植·体会生命的力量”课程介绍	1. 分享与种植有关的故事； 2.对课程的期待	建立班级QQ群，在上课前通知上课地点。请大家收集干净的矿泉水瓶	课前量表二维码、PPT	活动中心四楼平台
	第2周	分组、初步形成小组	1. 分组（随机分组）； 2. 形成小组（组长、组名、花卉、香草植物）； 3. 小组讨论要种植的作物（在作物清单中选择）； 4. 分发种子、播种扦插示范； 5. 小组育种	1.对植物的期待； 2.课程内容总结分享	育苗，扦插，拍照上传QQ相册，育苗盒在小组成员间流动	花卉、蔬菜种子清单（各小组在清单中选择要种植的作物），育苗盒，矿泉水瓶	活动中心四楼平台
	第3周	体会生命不易	1. 育苗感受分享； 2. 翻土； 3. 播种、移栽； 4. 植物与生命PPT	1.花卉育苗； 2.生命的力量与坚韧	小组打卡，国庆节不要忘记照顾植物	蔬菜种子、蔬菜苗、锄头、铲子	苗圃

续表

团体阶段	日期	课程目标	课程内容	分享讨论内容	作业布置	耗材准备	上课地点
团体初步形成阶段	第4周	感受生命力量	继续浇水、松土打卡，照顾自留地的作物	运动会停课			
	第5周	感受生命力量	继续浇水、松土打卡，照顾自留地的作物	国庆节放假			
	第6周	感受生命的脆弱、顽强和生命实现自我的渴望	1.苗圃基地自留地的作物补种； 2.除草、松土； 3.在苗圃基地教室分享《小种子》绘本	1. 劳动感受； 2. 生命的顽强、坚韧与脆弱； 3. 对自己生命的联想		补充植物(草莓)	苗圃自留地
团体过渡阶段	第7周	打开五感，感受生命的美好	1. 打开五感,感受生命之美； 2. 五感花园盲行； 3. 绘制地图	1. 如何发现生命的美好； 2. 如何创造生命的美好		眼罩	中心平台
	第8周	联结、探索个体生命	手绘花盆(以“生命”为主题)，种植草莓、风信子或者水仙	1. 作品创作过程； 2. 想要表达的理念		水仙、风信子或者草莓,红陶花盆，丙烯颜料，笔	中心平台

续表

团体阶段	日期	课程目标	课程内容	分享讨论内容	作业布置	耗材准备	上课地点
团体过渡阶段	第9周	增强感受力，增强与校园的联结感，强化归属感	秋天的色彩： 1. 植物的色彩； 2. 在校园中寻找秋天的色彩； 3.小组为寻找到的最特别的秋天的色彩拍照打卡	发现身边的美	布置期中作业：总结上课以来的真实感受，体裁、字数均不限		校园
	第10周	增强感受力，强化与自然的联结，思考生命的意义	1. 热身练习：倾听自然之声。 2. 大树冥想：建立自然联结。 3. 观察寻找生命之树	1. 分享感受； 2. 分享与大树的联结			中心平台
团体发展阶段	第11周	增强感受力，学习放松技巧，学会享受生活，学会情绪管理的方法	1. 香草植物采集； 2. 泡制花草茶； 3. 正念分享	1. 对本节课的内容如何进行迁移应用； 2. 如何让生活变得更美好		透明茶壶、一次性航空杯、干花草茶、新鲜香草植物、正念练习指导语	中心平台
	第12周	增强感受力，了解中式插花文化，寻找创造生活之美	1. 探索自我，寻找自我“生命之花”的意象； 2. 创作剑山插花作品，表现“生命之花”的意象。	用少量的花装点生活	1.寻找拍摄最美银杏； 2.收集银杏叶，制作银杏手工艺品	花材、配材、剑山丝带	中心平台

续表

团体阶段	日期	课程目标	课程内容	分享讨论内容	作业布置	耗材准备	上课地点
团体发展阶段	第13周	提升感受、发现生活细微之美的能力	在校园环境中寻找森林中的“宝藏”“色彩”“质感”	1. 感受分享; 2. 作品分享		白卡纸、胶带	中心平台
	第14周	细致观察，创造美好	1. 寻找“特别之美”的叶片、花瓣 2. 拓印个人作品; 3. 拓印小组作品	1.感受分享; 2.作品分享	布置下节课的作业，请小组私下讨论，确定地点，并在下节课前形成方案	拓印锤子、帆布袋、桌布、胶带、排笔、丙烯颜料	中心平台
	第15周	团队合作，强化校园归属与联结	校园(组团、学院、中心等)环保园林小景方案的确定(方案、地点、分工、材料清单等)	1.方案的名字、地点、具体操作流程; 2. 方案表达的意义等		彩笔、大海报、纸张	中心平台

续表

团体阶段	日期	课程目标	课程内容	分享讨论内容	作业布置	耗材准备	上课地点
团体结束分离阶段	第16周	强化归属与联结	校园园林小景现场制作				校园风景
	第17周	做好课程总结，准备小组分离活动	1.制作送给自己的植物微景观； 2.小组共同制作留给心理中心的植物箱庭	分享主题、意义、制作理念、感受			心理中心四楼平台
	第18周	处理离别情绪，体会生命的力量、自我实现的渴望，做好课程总结与告别	1. 小组植物生长情况互评； 2. 讨论对蔬菜瓜果的处理； 3. 分享蔬菜瓜果	总结照料植物的过程和感受		提前准备好塑料袋用来分装蔬菜	自留地

◆ 课程教案片段举例（见表5-4所列）

表5-4 “打开五感，感受生命的美好”讲课教案

教学节段	打开五感,感受生命的美好	
学时:30分钟		
教学目标	根据学生的现实需要设计课程,秉承“生命·生态·生活”三生教育的理念,旨在帮助学生理解自然生命与心理健康的关系,培养学生亲近自然、感受生命美好的能力,同时陶冶情操,提升学生的生活幸福感,促进和维护学生的心理健康	
教学方法	采用课堂讲授、案例启发、视频示范、现场练习等方式完成教学活动。采用课堂讲授、案例启发等方式激发学生的兴趣,引起学生的共鸣,提升学生的课堂参与度;采用视频示范、现场练习的方式从示范到练习,提升学生感受生命美好的能力;通过启发比较式提问提升学生对相关问题的认识,培养学生的辩证思维	
教学重难点	1. 理解打开五感和心理健康的关系; 2. 培养感受生命美好的能力	
教学手段	多媒体教学	
教材、参考书	教材: 1. 李树华的《园艺疗法概论》; 2. 李媛的《心理健康与创新能力(第二版)》。 推荐阅读: 1. 柳宗民的《杂草记(上·下)》; 2. 亨利·戴维·梭罗的《瓦尔登湖》	
课堂教学过程		
教学设计	教学内容	教学目标
教学引入	通过图片呈现校园美景,吸引学生注意力,使学生了解打开五感和心理健康的关系,激发学生对打开五感的学习兴趣	引起共鸣,激发兴趣

续表

教学设计	教学内容	教学目标
互动讲授	一、打开五感:人们是如何感受世界的 1. 人们是通过视觉、听觉、嗅觉、触觉、味觉接收外部刺激和感受世界的。 五感是指人们的视觉、听觉、嗅觉、触觉、味觉五种感觉通道。人们通过这五种感觉通道来感受世界。感官系统随时随地都在接受丰富多彩的外界刺激,人们看到的、听到的、闻到的、触摸到的、品尝到的塑造了一个人的内心世界。视觉,是人类获取信息的主要感觉器官,75%～87%的信息是通过视觉获得的。而其他13%～25%的外界信息需要通过眼睛之外的其他四种感觉器官(耳朵、鼻子、舌头、皮肤)来获得,例如声音、气味、味道、冷、暖、柔软、坚硬、粗糙等感受。在日常生活中,人们通常会被视觉信息所吸引,忽视其他感官带给我们的重要信息。 2. 感觉剥夺实验表明感觉信息的匮乏和缺失将会危害个体身心健康尤其是心理健康。 五种感觉是如何影响人们的身心健康的呢?1954年,加拿大心理学家贝克斯顿(Bexton)在一所大学里进行了第一次以人为研究对象的感觉剥夺实验。实验者被关在有隔音装置的小房间内,并要求带上半透明的保护镜以尽量减少视觉刺激,戴上手套、耳机等减少其他感觉刺激。实验初期,受试者以睡觉为主,但在两三天后,受试者的思维功能受到严重扰乱,哪怕在很短时间内也不能集中注意力,对任何事情都不能进行清晰的思考。受试者开始出现幻觉、白日梦等症状,智力测试成绩明显下降。这些症状在实验结束至少三天后仍然持续存在。由此可见,感觉的丧失和缺乏会严重影响个体的认知过程、思维、意志、情绪等,严重影响个体的身心健康,尤其是心理健康。 二、打开五感:感受生命的美好 1. 接收丰富的来自大自然的感官刺激会给个体带来益处,维护个体身心健康。 有同学曾经告诉我,对于部分现代年轻人来说,五感一般是指视觉(电脑、手机等电子屏)、听觉(耳机)、嗅觉(饮食)、味觉(饮食)、触觉(鼠标键盘),对不对呢?对,这当然也是五感,但是真正能促进心	学习打开五感和心理健康的关系

续表

教学设计	教学内容	教学目标
互动讲授	理健康的五种感觉,却要从自然界中去感受。为什么呢？这是因为从大自然中获得的五感刺激会给我们带来很多好处。 一方面,来自大自然的五感刺激令我们感受到了生命和生活的美好。我们先读这一句诗:“江碧鸟逾白,山青花欲燃。”这是对什么感觉通道的刺激？对了,是视觉。还有“春眠不觉晓,处处闻啼鸟”,这是听觉。“迟日江山丽,春风花草香,泥融飞燕子,沙暖睡鸳鸯。”这两句诗分别从嗅觉和触觉的感觉通道来描述春天。当我们读完这些诗句的时候,关于春天的美好景象一下子就浮现在我们的脑海中,我们似乎看到了那些鲜明的颜色,听到了清脆的鸟鸣,闻到了花香,感受到了融融暖意。诗人在千百遍地欣赏自然生命之美后,用诗句将它刻画出来。我们不是诗人,但我们一样可以用心观察自然当中的一花一草、一树一木。 另一方面,实证研究表明,欣赏自然景观、花叶果实的色彩姿态、植物的芳香味道等均可以在不同程度上帮助人们消除紧张、疲劳,带来放松愉悦的感受,并可以改善睡眠,缓解焦虑,维护身心健康。例如,当自然绿色在人的视野中占到25%的比例时,能明显缓解人的不安情绪。当人处于高绿色视率的花园或者森林环境中时,镇静效果更佳。 2.与自然植物相处能够使人们获得对生活、生命的思考。 除此之外,打开五感,认真观察大自然,我们将会获得更多与生活和生命有关的感悟。我想跟大家分享几件我自己试着打开五感,观察植物时的体会。这是三生教育基地种植的第一批红日太阳花儿,当年开得非常好,五彩缤纷,后面三年都没有再播种过。但是,现在的它仍然顽强地从其他植物的花盆中、从废弃的花盆中,甚至从地缝中生长出来,倔强地开着花儿。这是迎春花,两年前,有同学折了一支送我,我将它剪成三段,扦插下去。那个时候,它只是小苗苗,一年后,它的枝条越长越粗,开始分叉。现在,它已经长得这么茂盛了。两年间,从无到有的迎春花让我们看到了蓬勃的生命力。除了我自己种过的植物,	学习打开五感和心理健康的关系

续表

教学设计	教学内容	教学目标
互动讲授	我还发现有些植物是我没有种过的。有一天,我突然发现盆里长出了没有见过的幼苗。很快,它就长成了小树的模样,我这才发现原来是飘来的杨絮,遇到了土壤就生根发芽了。植物总不会辜负我们,给它们一点阳光和土壤,它们就会回馈给我们很多惊喜。 你看,打开五感,亲密接触大自然,去观察那些花花草草,不但能够维护我们的心理健康,还会给我们带来这么多的感悟,我们可以从中体会到生命的力量和美好。 三、打开五感:感受生命美好的方法 1. 借助植物的力量,学习打开五感、感受生命美好的方法。 (1)视频示范打开五感、感受生命美好的方法。 现在,我们知道了打开五感对人们心理健康的重要性,那怎么样才算是打开五感呢？有同学也许会说,我能看、能听、能闻、能触摸,并没有关闭我的五感呀。事实上,随着现代社会工业化、信息化的加快,现代人在生活中接收到的刺激从丰富到单一,逐渐失去了感受生活美好的能力。试想一下,你已经多久没有触摸过自然界的真实土壤了？你已经多久没有光脚踩在草坪上,感受松软的地面了？你已经多久没有认真地闻一朵花、吹一阵风了？当失去感受生命美好的能力时,我们可以怎么做呢？我们可以借助植物的力量,打开五感,重新发现、体验、感受生命的美好。先请大家看一个视频。在这个视频里我会给大家示范如何用打开五感的方式来感受生命的美好。 视频:打开五感,欣赏自然之美。 出场人物:王海星 。 拍摄地点:心理健康教育中心三生教育基地。 亲爱的同学们,欢迎来到心理健康教育中心“三生教育”基地。来看一看,这个小花园有什么？看,这儿有一颗番茄,摘下来尝一尝,又酸又甜。这里还有紫色的浆果,再来品尝一下,嗯,没有什么味道……	学习打开五感和心理健康的关系

续表

教学设计	教学内容	教学目标
互动讲授	这里还有一片牵牛花！人们习惯用不同的方式从不同的角度感受美。诗人用“叶细枝柔独立难，谁人抬起傍阑干”这样的诗句描述牵牛花的柔美与不独立。我们不是诗人，但我们可以有自己的方式。其实呀，感受生活的美好，也是需要小窍门的。今天，我就带大家一起来感受牵牛花的美！ 我们先从时间的维度来。 这是清晨六点钟的牵牛花。为了拍到它，我可是起了一个大早！小喇叭形状的花儿迎着朝阳，看上去多么生机勃勃！ 这是中午两点的牵牛花。它和我一样快被晒蔫儿了。看上去无精打采，叶片和花儿卷曲，并不那么美丽。 这一朵是傍晚的花儿，花朵已经闭合在一起了，但叶片很舒展，看上去，它已经“满血复活”了。 其实，同样的植物，在不同的时间，在生命的不同阶段，都会呈现出不同的状态。 看过不同时间的牵牛花，我们再来静静欣赏牵牛花的美。 我们先来观察他的色彩与姿态。你看，他的花儿是优美的喇叭口形状，人们也称它为“喇叭花”。花儿的颜色是渐变的，从根部的白色一点点变为花瓣边缘的粉色。花蕊是白色的，从花瓣深处悄悄探出，看上去很稚弱。花瓣的边缘布满了夏日清晨的露珠。走近端详，你会发现牵牛花的花瓣有些许透明的质感。一阵风吹来，花儿在风中摇曳，姿态优美，楚楚可怜。 用手轻轻抚摸一下花瓣，你会感到花粉的颗粒在手指尖摩擦的感觉。 凑上前闻一闻，淡淡的花香萦绕鼻尖，不浓烈，不甜蜜，有一种清爽的味道，刚刚好，就像是夏日清晨的感觉。 让我们把目光从花朵移向叶片。仔细观察，牵牛花的叶子是对称的心形，有一个尖尖的叶缘，一片一片密密地挤在一起。轻轻地抚摸叶片，叶片上布满了细密、微硬的绒毛，掌心微痒	学习打开五感和心理健康的关系

续表

教学设计	教学内容	教学目标
互动讲授	从下往上看，牵牛花的藤蔓是顺时针缠绕的。有一种说法是南半球的牵牛花的藤蔓是反过来缠绕的，是不是真的，有待验证。 刚刚呀，我从三个时间、三种感觉通道欣赏了这株牵牛花。你会发现，只要认真观察，身边的植物都蕴含着生命的美好。 其实，通过五感来欣赏美的方式有很多，你也可以用自己的方式来欣赏，记得要跟大家分享哦。 刚刚在视频中我使用了哪种感觉感受了自然之美？（与学生互动）有视觉、嗅觉、触觉、味觉，我品尝了浆果，欣赏了牵牛花的色彩和姿态，还抚摸感受了牵牛花的花瓣和叶片的质感。还有一种特别的感觉，不知道大家有没有注意到？是时间感觉，从早上到傍晚，不同阶段的牵牛花是不一样的。我也建议大家用这些感觉来感受自然生命之美。 （2）通过课堂小练习来学习打开五感、感受生命美好的方法。 现在我请大家看这组植物和花朵的图片，大家感觉怎么样？好的，请记住你的感觉。接下来，我们来做一个小练习。请第一排和第三排的同学转过身，和后排的同学组成一个小组，我会给每一个小组分发一组植物，请大家用我们刚刚看到的那些方法来感受生命的美好。你也可以用自己的方法进行感受。让我们回到课堂上，我想请同学们来描述下你的感受。请大家从不同感觉通道来描述你看到、听到、闻到、尝到、触摸到了什么？这组植物是我们日常生活中寻常可见的，不管你看或者不看，它都在那里，但是当你把目光投注其中的时候，你会发现它是多么的不一样。它的颜色、结构、触感、味道、气味都是那么的不同。我们借助这些植物，感受到了生命的多样性与生命的独特性，感受到了生命的美好。 这种感觉与最开始看到图片时候的感觉相比，丰富、完整了许多。这是因为为我们提供信息的感觉通道更多了，除了看，还有嗅、品尝、触摸	学习打开五感和心理健康的关系

续表

教学设计	教学内容	教学目标
互动讲授	2.打开五感,提升感受力,激发对生活和生命的热爱。 本节课,我们学习了人们是通过哪五种感觉来感受世界的,也了解了为什么打开五感,能够感受生命的美好,明白了怎么样才算是打开五感。我们也通过视频示范以及课堂练习的方式感受了生命的美好。你有没有学会这个方法呢?打开五感,让更丰富的感受进入心里,打开并扩大与外部世界的通道,感受生命的美好,必将会更热爱生活、热爱生命。在上学期上过课的同学曾经告诉我说:“老师,以前的我总是过着‘三点一线’的生活,从教室到宿舍到食堂,日复一日,生活没有什么变化,觉得乏味且无趣,但是上完这个课之后,我走在校园里,仍然是‘三点一线’,但我会观察路边的野花是否开放了,我欣赏树叶打着旋儿落下时划过的曲线,我能看到迎面走来的人的笑脸。‘点’仍然是‘点’,但‘线’却不再是‘线’,我的生活丰富了。我觉得每一天都比前一天更精彩了,幸福感油然而生。” 用打开五感的方式来提升我们的感受力,做生活的有心人,用心去看、去听、去闻,体会更丰富、自由和有张力的生命。做一个有趣的人,激发对生活和生命的热爱。愿每一位同学都能够享受精彩的生活	学习打开五感和心理健康的关系
重点回顾	本节课,我们通过知识讲授、视频示范、案例分享,了解了打开五感的重要性,明白了打开五感和心理健康的关系,培养了打开五感的能力,希望大家在生活中使用打开五感的方式来感受生命的美好,提升生活幸福感	通过回顾,强调本节课的要点,增强学生的学习效果
作业和下节提要	试着在校园中寻找最能打动你的一角,可以是某一朵花儿、某一棵树、某一片风景,甚至是湖泊或者道路。用相机将这一角记录下来,在下节课和大家分享你和它之间的故事	巩固学习内容,课后迁移运用
板书设计	无	

第六章
基于园艺疗法的团体心理辅导设计

团体心理辅导这一术语是从英文“group counseling”翻译而来的，是指在团体的心理环境下为成员提供心理帮助与指导的一种心理辅导形式，即是以团体为对象，运用适当的辅导策略或者方法，通过团体成员的互动，促使个体在人际交往中认识自我、探索自我、接纳自我、改善和他人的关系、提高适应能力，以预防或解决问题并激发个体潜能的过程。基于园艺疗法的生命教育团体心理辅导，有着团体心理辅导这一形式在高校心理健康教育中的种种优势，例如为广大参与者提供更为现实的社会环境，有助于成员间相互模仿学习，比个体心理咨询更具有效果，借助集体的力量达成行为改变的最大化，为参与者提供多维度的视角，等等。同时，作为一种表达性艺术治疗的形式，园艺疗法融入团体心理辅导也为团体心理辅导带来了更鲜明的特色和优势，提升了团体心理辅导这一教育形式的生命力。

一般的心理咨询、心理健康教育以语言为主要沟通方式，而表达性艺术治疗团体心理辅导这一形式可以提供更多元的沟通渠道，减少参与者的焦虑与抗拒，更容易被应用于学校教育实践中。作为表达性艺术治疗的一种形式，园艺疗法借助植物元素进行符号与意象的创造、表达、整合，创造了一个安全、自由的氛围，且具有时空整合性，更具有植物所独有的隐喻与象征意义。

此外，研究表明，表达性艺术治疗在干预大学生的人际交往、学习动机、团体归属感、情绪管理、自尊水平等方面都有较好的效果。也有多项实证研究表明，基于园艺疗法的团体心理辅导在缓解抑郁症状、提升生命意义等方面有较好的效果。例如张蕾等人对抑郁症大学生进行园艺疗法的干预研究，结果显示园艺疗法可以有效缓解大学生抑郁和焦虑的症状，提升生命意义感，且具有时间累积效应，值得推广。湛蕾等人研究园艺疗法对小学生焦虑与注意力的影响，结果显示，在园艺团体辅导作用下，实验组的焦虑水平显著降低，注意力水平显著提升。从主观感受上，园艺活动能够给人带来愉悦的心情，提高人解决问题的能力，提升人的专注程度并且缓解焦虑。李凌云等人对园艺疗法在贫困大学生积极心理品质培养中的作用进行了研究，结果发现干预效果显著，干预组的学生在智慧与知识、正直与勇气、自我管理与谦虚等多个积极心理品质上提高显著，这表明园艺疗法干预对提升贫困大学生的积极心理品质有着良好的效果。

因此，在高校背景下开设融入园艺疗法的大学生团体心理辅导的效果非常值得期待。本章计划以“这个春天，一起发现生命的美好”团体心理辅导为例，详细介绍基于园艺疗法的团体心理辅导设计。

【“这个春天，一起发现生命的美好”团体心理辅导设计】

◆理论依据

园艺疗法是基于自然疗愈作用发展出来的一种重要的实现身心治疗目标的疗法。园艺疗法通过园艺活动和植物栽培，使人们的精神与身体得到改善，可以在身体、心理等多个方面发挥有益作用。园艺疗法是一个专业的进行人本主义治疗的治疗模式，其重点是丰富人生体验、缓解情绪压力、提高整体健康水平和幸福感。

本次活动以团体心理辅导的形式，融入园艺疗法，借助植物元素，设计为期6周的团体心理辅导活动，争取达到增加自然联结、提升感受力、提升生活幸福感、激发热爱生活之情的目标。

◆活动目的

舒缓情绪，提升感受力，探寻生命的意义，增加生活幸福感。

◆面向群体

觉得生活单调、没有意思的同学；

有较大的学习、科研压力，需要缓解压力并寻找减压途径的同学；

想要探寻生命意义的同学；

想要增加生活幸福感的同学。

参与者无需具备园艺知识、技能，但应有充足的时间参与活动，不能有花粉、泥土过敏史。

◆团体规模

10～20人不等。

◆带领者要求

熟悉园艺疗法，有实践经验，有基本的团体辅导经验。

◆团体设置

封闭式、结构式团体。

◆筛选方式

自愿报名，统一加群，经征询参与动机后筛选决定参与者。

◆注意事项

基于园艺疗法的团体心理辅导同样可以应用于人际关系团体、压力缓解团体、情感困扰团体、学习动机团体等。

团体规模不宜过大，团体规模超过20人容易导致分享交流不足。

由于团体心理辅导的时间相对较短（不超过两个月），很难让学生体会到生命的整个周期，所以在选择种植植物的种类时可以：①选择速生绿叶类蔬菜，如小白菜等；②由移栽幼苗代替播种；③选择移栽多年生植物，在团体结束后由参与者带走，使其在日常生活中继续陪伴参与者；④在团体设计中增加萌发豆芽这一活动，聚焦生命的变化。

◆团体招募文案（见表6-1所列）

表6-1　团体辅导招募文案

这个春天，与植物一起发现生命的美好：
团体辅导活动招募

春有百花秋有月，夏有荷风冬有雪。一年四季，日日都是好时节。

风吹倒的二叉树不放弃，重新生根萌芽；西湖的黄葛树长了好多板根，那板根延伸到了整个小岛；去年的银杏果落在树下，绝不甘寂寞，春天来了，它悄悄发了芽，长成了一棵小苗……

和自然相处，观察植物从播种到长叶、开花、结果、凋零，小小生命的每个过程，总会带给我们很多关于生命的感触和思考；和自然相处，那些茵茵碧草、红花绿树也总是令我们平静、宁静、放松、心生喜悦……

我们大部分时间都生活在现代化的城市中，身边常常是电子屏幕和耳机，机器的轰鸣声，汽车的嘈杂声…… 在学习的间隙适当地接触大自然，从自然之美中体会生活之美、生命之美，那么“三点一线”的生活会变得更美好且有意义。

基于这样的想法，我们设计了“这个春天，与植物一起发现生命的美好”团体辅导活动，欢迎感兴趣的同学们参加。这次活动是基于园艺疗法的理念，尝试帮助大家重新打开五感，与植物对话，感悟生命，与自然接触，用心生活。

园艺疗法：

园艺疗法是基于自然疗愈作用所发展出来的一种重要的实现身心治疗目标的疗法。园艺疗法通过园艺活动和植物栽培，使人们的精神与身体得到改善。园艺疗法是一个专业的进行人本主义治疗的治疗模式，重点是丰富人生体验，缓解情绪压力，提高整体健康水平和幸福感。

续表

带领老师：

- 王海星：注册心理师、国家二级心理咨询师、心理健康教育中心专职教师。
- 陈亚：生命科学与技术学院辅导员、生涯规划师。

面向群体：

- 觉得生活单调没有意思的同学；
- 有较大的学习、科研压力，需要缓解压力并寻找减压途径的同学；
- 想要探寻生命意义的同学；
- 想要增加生活幸福感的同学。

参与者无需具备园艺知识、技能，但应有充足的时间参与活动，不能有花粉、泥土过敏史。

报名时间：

截至4月28日中午12:00。

活动时间：

4月29日至6月10日的每周四下午14:30—16:05，共6次。

报名方式：

加入QQ群：××××××××××

◆ 团体辅导活动计划书（见表6-2所列）

表6-2　团体辅导活动计划书

	活动流程	活动目标	材料
第一篇——初次相见	在活动开始前填写问卷，带领者进行自我介绍		
	对团体活动的介绍： · 园艺疗法理论。 · 团体设置、次数、时间。 · 团体性质、内容、意义。 · 活动目标：与植物一起发现生命的美好	了解活动目标，了解园艺疗法的基本理念，建立信心	PPT
	自我介绍：制作自己的姓名铭牌，装饰上对自己特别的植物，介绍自己。 分享期待： · 加入团体的原因； · 希望团体带来的帮助； · 希望团体是什么样的团体	增加归属感，强化自我意识，初步建立与植物的联结，了解参与者的目标与期待	A4纸、彩笔、双面胶

续表

	活动流程	活动目标	材料
第一篇——初次相见	团体规则制定： 分享之前首先介绍自己； 当其他人说话时认真倾听； 活动期间不看手机； 保密，尊重他人隐私； ……	制定团体规则，形成温暖、安全的氛围	大卡纸
	团体共同讨论并设计小花园，包括花园的名字、作物的选择、植物的照料等	增强归属感，初步形成团队，锻炼团队合作能力	种植箱、丙烯颜料、调色盘、排笔、植物
	能量圈：我们大家都来说	分享感受，总结收获	
第二篇——联结生命	引入： 重复团体规则； 照顾小花园	强化团体安全氛围	
	生命的坚韧与顽强： 在校园环境中寻找特别有生命力的植物； 分享顽强坚韧的植物给自己带来的感受； 讨论分享，尝试总结“生命的模样”	感受生命的力量与顽强	提前了解校园风景园林中的植物，做好引导
	生命的雕塑：团队成员将“生命的模样”雕塑出来	换一种语言，具象化地表达生命	
	生命的宣誓：珍爱生命宣誓	唤起珍爱生命的意识	宣誓词

续表

	活动流程	活动目标	材料
第三篇——温暖陪伴	引入： 照顾小花园； 讲述“我和植物”的故事	强化联结	
	分享“我的理想生命状态”，用一个主题词总结对生命的期待与憧憬	寻找理想的生命状态	
	将生命主题词绘制于花盆之上	具象化表达	红陶花盆、笔、丙烯颜料、调色盘
	选择喜欢的植物种入花盆并带回去照料陪伴	建立联结	植物
第四篇——心生欢喜	引入： 照顾小花园； 植物生长状况分享； 介绍打开五感理论	强化联结，了解五感，强化感受力意识	
	五感盲行活动	增强感受力	眼罩
	分享感受	分享感受	
	绘制感受地图	强化感受，总结感受	地图纸、彩笔
	分享感受地图	总结，分享	
第五篇——寻找宝藏	森林冥想： 你听到了几种声音	舒缓情绪，与大自然建立联结	校园森林环境
	寻找宝藏： 寻找校园中的“色彩”“宝藏”“质感”； 制作、粘贴“色彩”“宝藏”“质感”； 分享我的“色彩”“宝藏”“质感”	增加感受力，增加幸福感	卡纸、胶带
	总结：打开五感，感受生活的美好	总结	

续表

	活动流程	活动目标	材料
第六篇——依依惜别	引入： 讨论课程结束后对小花园的照顾	强化联结感，为分离做准备	
	冥想： 调整呼吸； 回顾前五次活动中的画面、感受； 唤起生命意象	舒缓情绪，唤起联结	冥想指导语
	曼陀罗制作： 讲解植物曼陀罗画的画法； 采摘植物； 绘制曼陀罗画； 给曼陀罗作品命名； 分享作品	探索自我，整合自我	植物胶水、一次性盘子
	总结与告别： 给自己一句话，给伙伴一句话	分离告别	

第七章
基于园艺疗法的心理健康教育活动设计

大学生心理健康教育应该以全面心理素质养成为目标，遵循学生心理发展规律，贴近学生心理成长的实际需求，根据学生的认知特点，面向学生的现实困扰，不仅要完成知识层面、技能层面的教育，还需要让学生在不断创设的情境与氛围中通过反复的体验形成知识、技能、态度、情感多个层面的迁移内化，深化学生的内心体验。“园艺健心”活动作为灵活性更大、趣味性更强、形式更多样、内容更丰富的第二课堂体系的一部分，可以对第一课堂的知识体系进行补充和延伸。

首先，“园艺健心”活动强调参与性和趣味性，有利于吸引大量的参与者，形成良好的心育氛围；其次，“园艺健心”活动能够让学生发挥主体性，让学生加入活动的策划、组织中；再其次，“园艺健心”活动将环境资源、人力资源纳入学生心理健康教育中，为心理健康教育环境、氛围的营造提供了保障；最后，园艺健心活动的形式灵活、内容丰富，可以让参与者有更多的可选择性。

从活动载体来看，园艺健心活动有园艺心理沙龙、以“园艺健心”为主题的大学生心理健康节等；从活动的组织承办来看，有心理健康教育中心主办的活动，有后勤园林绿化中心发起的活动，有各个学院心理辅导站面向本院学生组织的活动，有学校心理朋辈联盟组织的活动，也有班级心理委员面向本班同学组织的活动；从活动的性质来看，有知识类、体验类、技能类活动。2021学年春季学期“园艺健心”活动一览表见表7-1所列。

表7-1　2021学年春季学期"园艺健心"活动一览

活动名称	活动来源	项目类别	带领者
心小盟·缝香包·端午一起享欢乐	心理健康教育中心	体验类	朋辈心理委员
包容臭以祈福,裹香草以佳往	心理健康教育中心	体验类	园艺助理
许闻留香,编采花环	心理健康教育中心	体验类	园艺助理
寻你,寻你,万紫千红一瓢饮	心理健康教育中心	知识类	心理中心教师
扶苏采藿,修枝静心	心理健康教育中心	体验类	朋辈心理委员
养护从心开始——果树施肥	心理辅导站	技能类	辅导员
修花剪枝芽,爱你爱世界	心理健康教育中心	体验类	辅导员
"医心苗圃"园艺种植活动	心理辅导站	体验类	朋辈心理委员
养护从心开始——果树修枝	心理辅导站	技能类	朋辈心理委员
夏暑已至,奉君清茶	心理健康教育中心	体验类	园艺助理
养护从心开始——果树病虫害防治	心理辅导站	知识类	朋辈心理委员,园林绿化中心工人
采花赏撷,晾晒忍冬	心理健康教育中心	体验类	园艺助理
养护从心开始之果树养护、桃树疏果	心理辅导站	技能类	辅导员
花草芳香,茶韵悠扬	心理健康教育中心	体验类	心理中心教师
"银杏的故事"之银杏除草	心理健康教育中心	体验类	园林绿化中心工人,朋辈心理委员
行路百里,不如西湖景	心理健康教育中心	体验类	园艺助理
清明谷雨,扬歌前行	心理健康教育中心	体验类	园艺助理
合鸣春花,韵味儿风轻云淡	心理健康教育中心	体验类	园艺助理
园艺赠花——以花寄语,以赠会友	心理辅导站	体验类	朋辈心理委员

接下来以部分活动为例，谈一谈在高校大学生心理健康教育中如何开展“园艺健心”活动。

一、“园艺健心”活动

◆活动性质：体验类。

◆活动组织：心理健康教育中心。

◆活动带领者：学生助理。

◆活动前期准备：培训学生助理，撰写活动词，准备活动物资。

◆活动地点：五感花园。

◆耗材提供：心理健康教育中心。

◆活动招募文案见表7-2所列。

表7-2　活动招募文案

项目一:对生命负责

从一颗小小的种子到从土里冒出小芽,从成株新生出嫩芽,看见生命在萌发。陪伴和照顾这个生命,对生命负责究竟会给我们带来一些怎样的体验和感悟呢？欢迎参加“对生命负责”园艺活动。

活动内容:到“五感花园”(活动中心4楼平台)找园艺助理领取种子,进行栽种,定期照顾自己种下的种子或小苗,感受对生命的责任。

活动要求:通过照片和文字记录植物种植过程,总结感受并撰写一份“园艺成长报告”,完成并提交“心探索卡”,获得10个积分。

活动参与方式:话心App报名。报名后请加QQ群,群里有对具体活动细节的说明。

项目二:园艺公共服务

一株株小植物能让我们体会到的不仅仅有生命的力量,同样还有生命的坚韧与脆弱。

欢迎同学们进行园艺公共服务体验,我们一起给花园植物浇水、除虫、添土、修枝剪叶、移栽、扦插等。

活动内容:整理五感花园景观、除草、浇水、除虫、施肥、修枝剪叶、添土等。

活动要求:至少进行三次公共服务,每次持续30分钟。完成并提交“心探索卡”后可获得10个积分。

活动参与方式:话心App报名。报名后请加QQ群,群里有对具体活动细节的说明

续表

项目三:五感花园体验 五感是什么?视觉、嗅觉、听觉、味觉、触觉。那么在日常生活中,你是否留意到了自己接收到的感官刺激呢?如果只是留意到了手机、电脑、显示屏、鼠标、键盘、耳机等带来的视觉或听觉刺激,那么我们就建议你来美丽的五感花园体验一下了,借助植物的力量,重新打开五感,提升感受力。 活动内容:在园艺助理的带领下,通过嗅觉、触觉、味觉、听觉感受花园,并进行放松练习。 活动要求:参加五感花园活动,完成并提交“心探索卡”,获得10个积分。 活动参与方式:话心App报名。报名后请加QQ群,群里有对具体活动细节的说明。 **项目四:剑山插花体验** 剑山插花是插花的一种,属于中式插花。插花是一门艺术,同焚香、点茶、挂画统称四艺。插花不是简单地对花朵的组合,更不是无思想内涵的单纯造型,寥寥数枝,展现了古人对天地与自我关系的思考。本周“园艺健心”活动,我们一起来体验剑山插花艺术吧! 活动内容:在园艺助理的带领下,体验剑山插花,用插花作品表达对生命的思考。 活动要求:准时签到参加活动,完成并提交“心探索卡”后获得10个积分。 活动参与方式:话心App报名

◆活动引导语见表7-3所列。

表7-3 “剑山插花:生命的体验”活动引导语

剑山插花:生命的体验 亲爱的同学们,欢迎参加本次“园艺健心”活动,很荣幸有机会陪伴大家一起走过一段生命之旅。 **一、冥想放松** 我们首先做一段冥想放松训练。请大家找一个舒适的位置坐下来,您可以靠在椅背上,也可以背部挺直离开椅背,直到您找到一个舒服的姿势。练习时,头脑中可能会有一些画面,因此最好闭上眼睛,如果您愿意睁着眼睛,我建议您盯着前方。双手可以上下交叠也可以放在大腿上。 感受您的双脚与地板接触,您的臀部与椅子接触,感受我们自身的重力。 请把您的注意力放在呼吸上,关注呼吸的感觉,吸气、呼气,平静而又均匀,身体也随之慢慢在动。仔细体会,您会发现空气顺着鼻腔的内壁,缓缓流过,摩擦着鼻腔,气流像小溪、像羽毛……

续表

体会身体在呼吸时的感觉，每次呼吸似乎都会排出一些东西。愿意的话就可以想象每一次的呼气，都让您从紧张和忙碌中解脱出来一点，并多了一些舒适与安宁。 让我们把注意力拉回到您参加活动的那一刻，您离开宿舍或者教室一路来到这里，坐在花园里，带着对生命的好奇与渴望，带着对生命的感受和想象。此时此刻，让我们的心慢慢地平静下来。也许您的脑海中会出现一些色彩、一些画面、一些念头。对于您脑海里的那个念头，那个越来越清晰的念头，将其抓过来，就像抓来天上的一朵白云。当您找到了这个画面及感受之后，请轻轻地睁开眼睛。 **二、剑山插花** 接下来就邀请大家用剑山插花来呈现您对生命的感受，让我们带着这种感受和画面默默地去寻找和您的感觉比较接近的、契合您关于生命的感受的花朵、枝叶，或者是那些您想要拥有的花朵、枝叶。 如果您在这个形象化的过程中没有看到任何画面与念头，那也没有关系，那就带着这种感觉去寻找您想要拥有的花朵、枝叶。 我们可以四处观察但不要相互交流，默默地创作，您可以随时补充调整材料以达到您想要的效果。 我们有30分钟左右的时间来完成这个创作。 **三、两两交流** 现在我们有10分钟的时间，请邀请您身边的小伙伴进行交流，彼此介绍自己的作品： - 当你看着你的作品的时候，你的感受是什么样的？ - 你在创作这个作品时的心路历程是怎样的？ - 给这个作品取一个名字。 - 这个作品表达了您对生命怎样的感受？ - 您从这个过程中领悟到了什么？ - 给您的作品用标签纸贴上姓名和作品名。 **四、全班分享** 邀请1～2位同学在全班分享作品； 站起身来去欣赏其他伙伴们的作品

◆部分活动宣传，如图7-1、图7-2、图7-3所示。

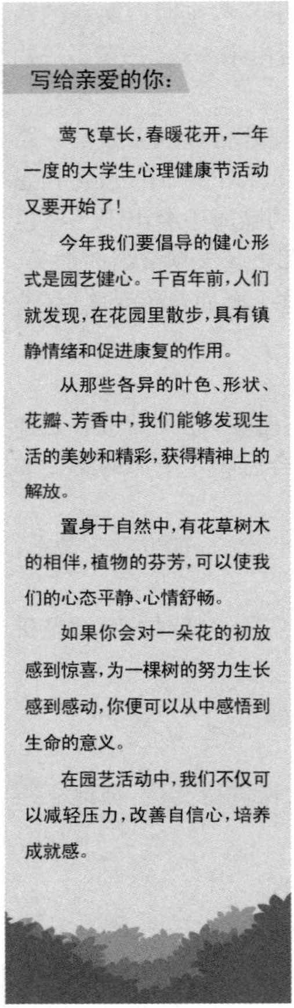

时间	地点	学院	活动名称
3月	清水河校区	电工	说花猜诗
	图书馆大草坪	光电	感受自然的魅力，户外素质拓展
	银桦餐厅门口	外国语英才	我和春天有个约会
	清水河校区(户外拓展)	微固	“一花一世界·寻找你的身影”校内素质拓展活动
	银桦餐厅门口	英才	我和春天有个约会
	近郊	自动化	踏青春来早
4月	清水河校区	电工	植物大战僵尸
	阳光餐厅门口	信软	“花木暖心·拼接春色”园艺健心活动
	银桦餐厅门口	信软	“苔藓微观制作活动”
	温江农科所	格拉斯哥	绿色出行参观活动
	清水河校区	电工	种子养成计划
	银桦餐厅门口	光电	绿色植物对换乐
	清水河校区	自动化	我眼中的成电——最美春摄影像比赛
	银桦餐厅门口	光电	植物百科知识竞答
	主楼C1-210A	机电	“心”力量之盆栽园艺
	经管楼	经管	心灵随春天苏醒
	温江绿道	生命	温江园艺徒步
	银桦餐厅门口	数学	多肉DIY——Do love yourself
	微观固事(微信平台)	微固	“一花一世界·走进你的故事”校内植物摄影展
	清水河校区	自动化、光电、经管、后勤集团	园艺健心—社区同行
	清水河校区	自动化、武侯区残联	生命的意义心理沙龙
	银桦餐厅门口	政管	环保绿植领养活动
	学校操场	政管	园艺趣味素质拓展大会
	研究院大楼102	空天	花语心声分享会
	研究生院大楼415B	电科	艺心艺意
5月	教学楼	光电	“美丽心情，舒适生活”——插花DIY教学
	银桦餐厅门口	马院	“园园”不断心心相连
	时光沉电微信平台	光电	植物栽培大讲堂(4期)
	抗干扰实验室教研室及寝室	通信抗干扰实验室	园艺健心(约会自然美好，感悟生命力量)
	研究院大楼	能源	种一盆植物，理十分心情
	清水河	通信	NO.43星球上的玫球花
	科研楼	通信	为母亲插花
	银桦餐厅门口	外国语英才	春的收获
	室外	物电	妆成新锦簇
	室外	物电	我和“它们”有个约会
	室外	物电	寻觅一簇青幽
	心理健康中心平台、寝室、教室	资环	“为他人种一盆花”
	清水河校区	计算机	园艺健心——插花&盆景DIY设计大赛

图7-1 “5·25”大学生心理健康节宣传

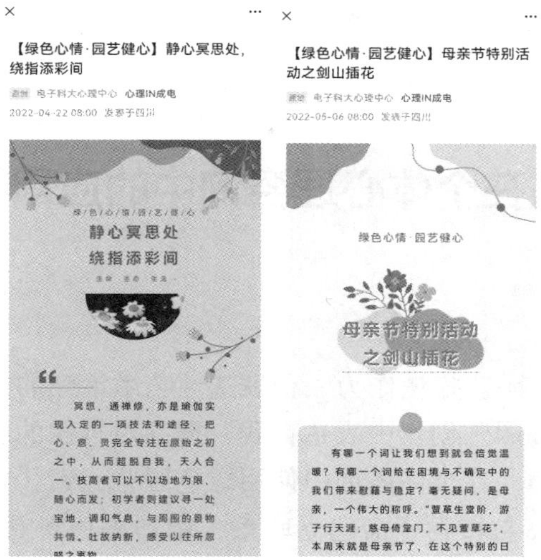

图7-2　“园艺健心”活动微信推文

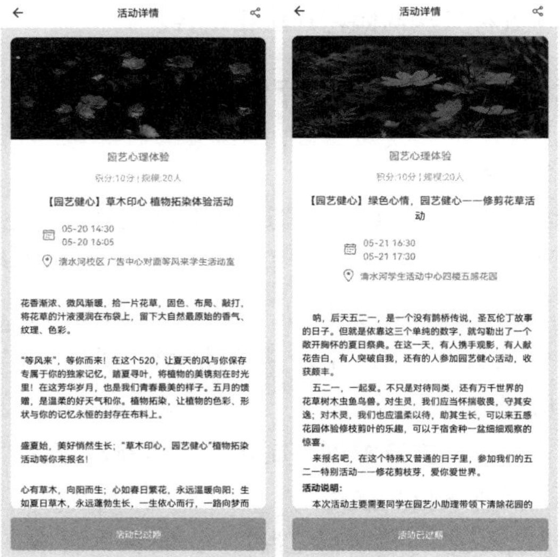

图7-3　“园艺健心”活动报名页示例

第八章
园艺疗法在个体心理咨询中的应用与思考

一方面，园艺疗法作为一种表达性艺术治疗的方式，可以使来访者能够在园艺创作中表达自我，提高对自我的理解，获得成长；另一方面，在个体咨询中使用绿色园艺元素，将会帮助来访者将自我生命与植物生命建立联系，增加来访者对生命的思考。同时，园艺活动本身对于来访者的心理健康有维护和促进作用，在此不再赘述。本章将会以个体心理咨询中常用的五种方法为例，尝试将这五种方法与园艺疗法相结合。

一、精神分析在园艺疗法中的运用

1. 精神分析学派简介

精神分析学派以无意识心理过程和动机为其理论系统的出发点和核心，开辟了潜意识研究的新领域。它重视对人格的研究。下文是笔者运用精神分析学说的“人格三层次理论”，即本我、自我、超我之间的关系，解读园艺疗法活动中案主制作“园艺微景观”的心路历程。

2. 运用精神分析方法解读、制作园艺微景观作品“西行之路”

（1）园艺微景观作品描述

案主将作品取名为“西行之路”。正面看，唐僧在菩提树下打坐；作品背面，轻轻扒开草丛，从细沙堆里可以掏出穿着花衣服的八戒。唐僧周围莺歌燕舞，却正襟危坐；而八戒“见美女就移不开眼，见美食就走不动路”。

（2）对园艺微景观作品的体验与解读

询问案主：为何唐僧和八戒在作品的一前一后，正反两个方向？

案主：“因为师徒在较量，他俩在斗气、吵架……”

作品体验阶段，案主注视作品，他的脸慢慢变红，呼吸急促，捧着作品的手微微发抖，陷入了负面情绪中。

案主做了几组深呼吸后恢复了平静，他说：“花园让我很累，感到无力、害怕。但我却不知道为什么会有焦虑、累、纠结之感。”

笔者运用深呼吸、冥想法，将案主带入深度放松之中，引导他对园艺作品进行自由联想与意象对话。经分析后发现，随意摆放的微景观其实是案主潜意识的投射。

园艺作品中的唐僧为了取得真经，获得自我实现，坚定遵循教义。他理智刻板的个性代表了作者的理想，扮演了超我的角色：位于人格结构的最高层，遵循道德原则。

园艺作品中沉迷于酒色、心中充满了贪图享乐的八戒，是作者本我的体现：位于人格结构的最底层，是由先天的本能、欲望所组成的，包括各种生理需要。本我是无意识、非理性的，遵循快乐原则。

唐僧、八戒之间隔着一座小山丘，其实是本我、超我的矛盾体现。他们的争吵使得作者感觉到了焦虑、纠结、难过、累。这种状况如果持续过久，就会导致案主产生严重的心理问题。

若个人承受来自本我、超我或外界压力过大而产生的焦虑时，自我就会出场：它位于人格结构的中间层，调节本我和超我的矛盾，遵循现实原则。它会启动防御机制，如压抑、退行、抵消、投射、升华等来解决本我、超我之间的矛盾。

其实，在案主的园艺作品中，自我的防御机制已经启动：白天时的八戒半埋于细沙堆，隐藏在草丛中，这暗示案主的本我是“压抑”的；暮色降临，时机一成熟，八戒就腾云驾雾回到高老庄，享用美食和美酒，这暗示着对道德理想的否认。唐僧坚守取得真经的理想、坚守至高的道德暗示着对人生的升华。

（3）“西行之路”的再创作与治愈

为了加深园艺疗法的疗效，笔者给案主提出了以下建议：通过增减作品中的一些元素，使自己对作品的感觉更好一点。

案主将八戒从草丛中拉了出来，面朝前方；将唐僧的身体侧放；移开了阻隔在师徒间的小丘，改用细沙铺就了一条小道；最后在八戒与唐僧之间摆放了一个孙悟空的玩偶。作者解释：孙悟空保护唐僧但会考虑八戒的感受，会选择折中的方案化解他们之间的矛盾。

笔者要求案主仔细观察修改后的作品，谈谈感受，他说：细沙铺就的小道连接了内心与理想；孙悟空能上天入地，能量强大，这会让取经之路走得更踏实。其实，作者摆放的悟空扮演的是化解本我、超我矛盾的自我的角色。“小丘变小道”、师徒二人侧身交流也提供了一种解决问题的途径。

二、行为治疗在园艺疗法活动中的运用

1. 行为治疗简介

行为治疗是以减轻或改善患者的症状或不良行为为目标的一类心理治疗技术的总称。系统脱敏是行为治疗中最典型的代表。在下文的园艺治疗个案中，治疗师运用了园艺植物薄荷草使案主快速放松、缓解焦虑。

2. 系统脱敏——运用薄荷草芳香缓解当众演讲紧张焦虑的案例

（1）案主基本情况

男，36岁，被推选为部门领导候选人，参加竞聘，因无演讲经验，担心表达失误，影响前途，在近半个月以来失眠、多梦、紧张、焦虑。案主性格内向、追求完美。诊断结果为一般心理问题。

（2）治疗方法

①教给案主放松的技巧。

第一步：询问案主在什么情境下能快速放松。案主告知薄荷的清凉能使自己迅速放松。

第二步：测试。轻轻搓揉新鲜薄荷叶，将其放在案主鼻前。案主深吸一口薄荷香气，慢慢将气吐出，重复多次。当案主感觉呼吸平稳、全身肌肉放松，有温暖、舒适、愉快的感觉，即为有效。

第三步：案主处于舒适状态，在薄荷草的帮助下，通过呼吸，进行放松训练。全身肌肉迅速进入放松状态为合格。每次训练20～30分钟，每天1～2次。

②与案主一起设定引起焦虑的情景并排序。焦虑情景与等级见表8-1所列。

表8-1　焦虑情景与等级

焦虑情景	焦虑等级
1. 走在竞聘演讲会场的路上	2分（轻度）
2. 到会场门口看见自己的同事、领导	2.5分（轻度）
3. 在会场内看见讲台以及台下听众	5分（中度）
4. 主持人正在宣布下一个演讲者就是自己	6分（中度）
5. 走上讲台并且环视正看着自己的观众	7分（高度）
6. 演讲开始：开口说第一句话	8分（高度）

③逐级进行脱敏。

第一步：让案主坐在舒适的位置上，用自己的方法使自己全身放松。

第二步：引导其想象自己构建的焦虑场景，每想到一个场景，随即保持30秒，想象需逼真、生动，不回避和停止。

第三步：如想象到某个场景出现了焦虑，停止想象，用薄荷草做深呼吸放松训练的方法来对抗紧张和焦虑。如果想象时没有焦虑，则进行下一级场景训练。想象场景如此逐级而上，直到案主对最高等级的刺激不感到焦虑为止。如案主出现强烈反应，需要进行降级训练。每天3次，每次20分钟。

（3）效果评估

案主自我评估、辅导者评估、心理测验结果均显示其紧张、焦虑的情绪消失。案主在竞聘报告中思路清晰、语言流畅，还有即兴发挥，获得同事与考核人员的好评，竞聘成功。

（4）园艺治疗后记

系统脱敏成功的关键是：治疗者须先教求助者学会放松技巧，治疗者可以通过询问或者准备多种辅助放松的植物，让求助者挑选合适的植物；芳香植物可以用精油代替；可以引导求助者在疗愈花园中漫步，寻找可以使自己快速放松的情景。

三、人本主义心理学理论在园艺疗法活动中的运用

1. 人本主义心理学简介

人本主义心理学体现在治疗领域为以人为中心的疗法。人本主义精神主要可以归纳为以下几点：相信人在本质上是好的，相信人有向好的、强的、完善的方向发展的强大潜力，相信人能够自我依赖、自主自立，主张心理咨询和治疗应该为恢复和提高人的价值、尊严作贡献。

在下面的案例中，笔者采用了人本主义心理学的理论对案主进行了园艺治疗。

2. 人本主义园艺治疗个案：“破坛子不破摔”

（1）案主情况

小强是高二学生，平时凌乱的头发中夹杂着几缕红头发，与人对话时头偏向一边，躲闪着他人的目光。同学发现他这两天不讲话，在书上写满“爆发”两个字，还将自己收藏的东西送给他人。

（2）园艺辅导过程

小强低头不语，笔者给他倒了一杯水，对他说，这里没有其他人，你可以好好休息，我会陪着你。

沉默半小时后，他问笔者："老师，我真是一个坏学生吗？"

笔者拿出一张纸叫他写自己的"坏"：成绩倒数，人缘差，因为吸烟导致学校给了自己处分，迷恋游戏……

我将他写的东西放在一边，从治疗室的架子上拿出了一个破陶盆还有一些碎片，摆在他面前。

"我不是超人，解决你的问题需要准备一段时间。要不你先帮我做些事情吧。我打算在陶盆里面种一些植物。"

笔者带着小强在苗圃里挑选了一些花草，找了一些小玩偶。我俩花了1个小时布置好了一个破陶盆花园。

小强给这个组合盆栽取名"重生"。

他望着作品说："我很吃惊，老师怎么收集这种破玩意儿？该扔垃圾堆的东西。我就像这只破坛子，一点用也没有。上周，班主任请家长谈话，我回家后被老爸打了一顿，就想破罐子破摔，离家出走或者做其他的打算。"

"其他的打算？"

小强边比画边说："我，站在顶楼，像一只陶罐，做一自由落体运动……"

"你说你打算……"

小强打断了我的话："您不要担心。来咨询室前，我觉得活着没意思，打算破罐子破摔，但看了眼前的这个园艺作品，我打消了这个念头！谢谢您的良苦用心！"

"我要谢谢你帮我创作了这么美的作品。"

在剩下的时间里，我和他谈论园艺作品："我们在坛子里种花，破坛子获得了重生。你打算在自己的坛子里种些什么呢？"

他思考了一会儿说："以前，我的成绩好，家人、老师对我都好。后来，我的成绩差了，父母总打骂我……”

“成绩！我想我成绩好了，生活就好了……”

我很真诚地恭喜他找到了自己的方向。“那现在就栽种上吧！只需将学习这一块补上，你的花坛就会漂亮起来。”

小强主动将盆栽带回去照顾。

期末，小强换了发型，理了一个精神的平头，高兴地告诉我：“张老师，我这次期末考试进步了100名，整整100名！”

（3）园艺治疗后记

从小强的故事中，笔者反思到，作为园丁，首先应该不要轻易认定一个东西“破了”，而是要从人本主义思想出发。陶罐看起来破了、没用了，园艺制作者将它种满鲜花，使得坛子的“价值得到了体现”。当坛子获得重生、开满鲜花时，当事人的心灵也得到了治愈。

四、认知疗法在园艺疗法中的运用

1. 认知疗法简介

认知疗法是通过认知和行为技术来改变求治者的不良认知的心理治疗方法，“认知”是指一个人对一件事或某个对象的认识、看法和见解等。

下文案例中，案主在认知疗法的指导下通过果树疏果改变了自己对“果实被摘掉”的认知，将自己的情绪从消极状态调整为了积极状态。

2. 果树疏果——做一棵不断成长的石榴树：职业生涯倦怠辅导

（1）我在刚开始工作时信心满满，干劲十足，坚信 “天生我材必有用”。但现实很快给我泼了一盆又一盆的冷水，自己为公司做了贡献却从来没有人重视，更不用谈什么升职加薪啦。总之，自己就像一株幼小的果树，好不容易结出一些果子，而自己却只能吃到很少一部分，关键是别人将果实霸占了，连一句“谢谢”都不会有。现在，我对于工作开始抱怨、厌烦，甚至想不再那么努力了。

（2）园艺辅导过程

在深入交流后，我将案主带到花园中，园里种了几株石榴树。今年，石榴花开了三茬，石榴树的坐果率很高，沉甸甸的果实压弯了枝头。

笔者邀请李先生与我一起为石榴疏果，并给他做了疏果的示范：疏掉晚果、畸形果，尽量不留双果；多留头茬果，选留二茬果，不留三茬果；弱树多疏少留，壮树可适当多留，幼小的树不留果。

李先生很吃惊，不愿意“摘果子”，还抱怨道：“开得好好的花，长得好好的果，为什么要摘掉？先长出来的是果，后长出来的也是果啊。幼树、弱树长出果子多不容易，你还将它摘掉，你真狠心，像我们的领导一样狠心。”

我认真听他倾诉，边疏果边解释，疏果是果园管理措施之一，即人为地去除一部分过多的花和幼果，以获得优质果品。大多数果树开的花都远远多于最后结成的果实。我读农业大学的同学告诉我：如在开花多的年份，一株成年苹果树有5%的花、桃树有15%～20%的花结的果实达到成熟，就已经算是丰收了。

我指了指园子旁边的一棵枯树对他说，这棵石榴树前几年总是花开四茬，在春光逝去、花事阑珊的时节，嫣红似火的石榴花一波又一波地跃上枝头，夺人眼目，硕果累累。但由于树龄不大，开花结果过多，养分供不应求，这棵树便结出许多小果、次果，在前年一场大雪过后，遭受冻伤，最后感染了病害，慢慢地枯死了。园丁会通过疏果的措施使果树达到合理状态，使果树年年有果结。

李先生陷入了深深的沉思之中：“你是说，疏果其实也是在保护果树，让它有充足的养分维持自己的成长！老师，我知道了，可能我真的错了！我不该计较果实！我太过于在乎一时的得失，而忘记了成长才是最重要的。以后在工作和生活中不论遇到什么困难，我都要做一棵永远成长的果树，因为成长永远比每个月拿多少钱重要。”

（3）辅导后记

得到多少果实不是最重要的，最重要的是果树在成长！换个角度思考：等小树长成参天大树的时候，那些曾阻碍它成长的力量都会微弱到可以忽略；或者说，果树经历的磨难也仅仅是成长的助推剂。不要太在乎果实，成长才是生命中最重要的部分。我们要感谢植物用自己的生命故事重塑人们的认知。

五、叙事疗法与园艺疗法的结合思考

叙事疗法强调通过不同的故事，看见和欣赏“不同”，强调放下主流文化下的标准答案和量尺，保持对多元文化的尊重，强调每个生命都是独特、宝贵的，每个人都是面对自己问题的专家，是自己生命的主人，都有变得更好的愿望，并能够为之一直努力，如同自然界的植物总是向上、向光生长。正是基于对生命力的相信，叙事疗法有一个核心策略叫“外化”，就是将人和问题分开，而且问题本身不是问题，如何看待问题才是问题。当一个人陷在问题里时，就会习惯性地将自己和问题绑在一起，产生无力、无助感，进而贬低自我，怀疑自我。而如果开启外化对话，并且这个对话可以由自己来发起，将自己和问题拉开距离，营造一个安全自主的空间，便能有一个新的故事呈现出来。叙事者借助叙事的其他重要策略如改写的对话、见证等，可以逐步完善新故事，从而强化自我认同。叙事疗法的内在核心理念在很多地方与园艺带给我们的感受不谋而合。

例如，笔者今年因一些特殊情况，情绪时好时坏，这是一个问题情境。那个时候，笔者发现院子里有很多红彤彤的小果子，娇艳得很，很是喜欢，借助手机软件得知它叫金丝桃，果子红透后就是我们常见的“红豆”。啊，原来这就是我喜欢的红豆。这种惊喜的感觉陪伴我度过产生烦躁感的时光，它的美让我逐渐平静下来并告诉自己“已经遇到了就静观其变”“既来之则安之”。宋词有云：“春有百花秋有月，夏有凉风冬有雪，若无闲事挂心头，便是人间好时节。”能够好好地欣赏和感受大自然中的百花、明月、凉风、白雪，内心自然是安稳的、愉悦的、幸福的。接下来的日子也变得更丰富了，远山、近树、飞鸟、虫鸣，都变得那么清晰和亲近。

记得清华大学的李树华教授曾经说过：“如果你想一生幸福，你就去营造自己的花园，当园丁吧。”园丁在营造花园的过程中，在跟植物们互动的过程中，在四季变化的付出与收获中会让自己的内心丰盈且满足。虽然不是人人都有现实的花园，但我们可以在心底里种一片属于自己的丰富多彩的花园，每个人都可以成为耕耘自己内心美好花园的“园丁”，可以随时觉察和管理情绪变化带来的影响，增强内在的稳定感，获得持续的幸福感。园艺疗法便是帮助我们成为自己的园丁的有效途径，而叙事疗法的核心态度和理念可以帮助我们更好地进行探索和耕耘。接下来，我想从与环境的关系、与他人的关系和与自己的关系这三个方面来讲讲叙事在园艺疗法中的运用。

首先说说与环境的关系。在基于园艺疗法的心理健康教育活动中，有一项日常任务是清除自留地的杂草，有同学在QQ群里匿名提出“杂草的生命也是生命”，同学窃笑说他就是不想去除草。同学们就这一观点进行了不加评判的讨论，各抒己见，由此衍生出了更多议题：对竞争的理解以及如何具备竞争力、日常生活中产生的杂念以及如何管理杂念、外显美和内在实力的对比选择以及如何平衡两者等。这些议题开启了同学们对生命状态与环境之间关系的多维度理解。总之，在跟植物和自然界的亲密接触中，同学们都很投入，并且总能进行更多的思考。

再来说说与他人的关系。有一位女生，在老师和同学的鼓励下，分享了自己与茉莉花的故事。本来这株茉莉花是奶奶种的，后来快枯萎了，奶奶想扔掉它，正好她放假回家，就将茉莉花要过来自己照顾。几天之后，枯枝竟然奇迹般发出了新芽，她开始对着茉莉唱歌，就是那首“好一朵美丽的茉莉花”，但每次唱到“把你摘下来送到别人家”这句时她就只哼调不唱词，花儿好像也收到她的情谊，用满枝的芬芳来回报她。她特别开心，即使花谢了也不舍得将它们摘掉，觉得花儿曾经那么美好，不应该因为它谢了就摘掉它。她跟茉莉的故事让同学们觉得很有趣，她也很开心，一直很温柔地对待身边的花草。后来，这位女生曾找我私聊，说跟男友分分合合多次，最终分手以后，她也一直不愿放下对方，觉得如果放下了就是对曾经美好关系的否认，就如同要摘掉谢了的茉莉花一样。她就这样一直难过了好长时间。后来，她试着剪掉了茉莉花的残花、残枝，发觉并没有之前想象得那么难过，反而有种清爽的感觉，脑子里顿时闪过前男友，突然觉得放下他这个人也并不意味着对曾经美好回忆的否认，美好的记忆还在那里，放下的是不合适的那个人。这样一想，她便轻松了很多。她把跟植物互动的体悟和方法迁移到自己的生活中，并有了新的收获和成长。她特别开心，又专门过来找我分享她的感悟。植物的陪伴，疗愈了她在亲密关系中的伤痛，也帮助她放下了对亲密关系的某些执念。

最后再说说与自己的关系。在“花叶曼陀罗”的制作体验活动中，有一位一直很听话的同学，在她制作的曼陀罗中，有一朵花有力地伸出圆盘，他说他就是喜欢这朵花，不想为了将它放进圆盘而剪短它。当大家进一步好奇他想表达的意思时，他慢慢讲述了自己的成长故事：很久以来，自己的内心总有想做点什么的愿望，因为一直很听话，总是觉得压抑，高中时曾经去挑战蹦极，感觉很解压。这次的曼陀罗作品让他再次产生了想做自己的渴望。他对自己的现状有了新的思考：现在是大三，面临考研、工作等选择，周围人给了自己很多建议，而自己也一直在纠结如何选择。我想也许带着“内心总想做自己”的觉察可以帮助他更好地认识自己，做出更适合自己的决定。还有一位同学，在分享时总爱说的一句话是“我没有感觉”，但他其实经常主动发言，对周围发生的事的很多细节都观察得很仔细，当我回应他“没有感觉，也是一种感觉，也许是更复杂的感觉”时，他愣住了。此外，大家在表达对他的发言和拍照打卡的欣赏和期待时，他表现得很开心。他在用自己的方式感知着外界，表达着自己。我们每个人都用自己独特的方式跟自己在一起，也用独特的方式走在认识自己的路上。

当园丁吧，当一个能看见自己也能看见他人的园丁，当一个有丰盈内心花园的幸福园丁！

案例篇

第九章
“来种一朵花儿吧”

1.“来种一朵花儿吧”园艺心理沙龙现场纪实

亲爱的XY老师的心理沙龙的小伙伴儿们，我们又见面啦。本期是特别的园艺心理沙龙，主题是“来种一朵花儿吧”，今天，我们的主讲嘉宾是Y老师，大家欢迎。

你们说，春天了，我想种下一颗种子，可这和心理、和生命有什么关系？Y老师告诉你，有的！

大学阶段的我们开始怀疑曾经的自我，我们开始疑惑，为什么要听老师的话？为什么要听从家长的安排？为什么要考研？为什么要工作？我们开始试探为什么不能按照自己的想法来做自己，这便是成长的开始。从成长到成熟的过程中，我们试着把社会规则内化到自己的内心并且去遵循。成人的世界是有规则的，认识规则、尊重规则是我们人生的必经阶段。怎么去做呢？有的人不愿意去做尝试，靠着游戏度日，用游戏填满自己的时间，这样就不必去思考；有的人更愿意让别人告诉自己该怎么做，这样就不必负责任。如此看来，成长是一件很麻烦的事情，我们需要去付出，去面对很多的不确定因素。

种下一颗种子，就意味着种下一个生命。在陪伴它成长的过程中，你会收获很多，例如什么是责任、什么是付出、生命的意义、成长的喜悦、什么是重要的等。

我们在春天播下的不仅仅是种子，在下一个季节收获的也不仅仅是花儿。现在，Y老师要问大家：你是否准备好了种下一朵花儿，你是否准备好了为另外一个生命负起责任?

每一个人都愿意挑战这项任务，那么我就快乐地种花儿吧!

选择喜欢的植物，选择合适的工具，选择喜欢的花盆，松土、播种、浇水，愉快地劳作。

慎重地在花盆上写上自己的名字和植物的名字，并承诺自己会认真照顾它。

2. “再种一棵花儿吧”园艺主题沙龙现场纪实

上一期，Y老师从生命与责任的角度说明了种一朵花儿与心理的联系，种下一颗种子也就是孕育了一个新的生命，我们与它一起成长，并对它负责。正是在这样的过程中，我们逐渐成长，学会了负责。

这一期，Y老师重点和我们讲了神奇的种植心理治疗，她给我们分享了一个关于早恋和种植的故事。当一个高中的老师开始鼓励他的学生们种植花儿的时候，意想不到的现象发生了，班上的早恋现象竟然明显减少了，学生的成绩明显上升了！Y老师告诉我们，早恋，与其说是学生们想要去体验爱情，不如说是想要寻找一份心理寄托。恰好，种花儿这件事替代了异性，弥补了他们的那份寄托。在种植过程中，人的注意力受植物的吸引，就会摆脱负面的想法，产生正面的想法，从而产生积极的情绪。与植物对话也就是与另外一个生命对话，正是在与植物的相互作用中，我们体会到了生命的意义，心灵也得到了满足。

在种花的过程中，我们需要等待，等待种植、等待发芽、等待开花、等待结果，这就如同生活一样。所以，勤奋的我们就种下一朵花儿吧!

第十章
“种植·体会生命的力量”

一、“种植·体会生命的力量”之剑山插花

【课程背景】

本次课程的内容属于种植课中的“生命的体验”板块的内容，教学重点是生命的表达，即用剑山插花来呈现同学对生命的感受。插花是中华民族的传统艺术，同焚香、点茶、挂画一起，被宋朝人统称为“四艺”。插花不是简单地对花的组合，更不是无思想内涵的单纯造型，其应当是也必然是创作者对社会现实实践的反映与再现，绝非无目的、无意识的活动。在本次课程活动中，教师通过讲述中国传统插花的知识，引导学生通过冥想，制作表现生命的插花作品，引导学生感受生命，体验生命的意义。

【本次课程目标】

营造环境，帮助同学感受生命，通过剑山插花，表现生命的美好，提升幸福感，陶冶生活情趣。

【课程时长】

90分钟。

【课程准备】

准备好40个剑山插花器和花材，花材包括：20枝玫瑰、20枝康乃馨、20枝多头玫瑰、7枝桔梗、10枝天堂鸟、20枝非洲菊、一把尤加利、10枝雏菊、20枝南天竹、一把文竹。

【课程人数】

40人（共5组，每组8人）。

【上课地点】

五感花园。

【活动过程】

1. 讲述与中国传统插花有关的知识。

2. 引导学生冥想放松。

3. 制作剑山插花作品。

4. 组内交流与全班分享。

【具体实施流程】

1. 主题导入与理论知识（15分钟）

老师：各位同学，插花是一门艺术，同焚香、点茶、挂画一起，被宋朝人统称为“四艺”。中国传统插花特有的理念和目的是以花传情，借花抒怀、明志，其不单起着装饰与美化的作用，还可以在休闲玩赏活动中传情、怡情、畅神、达意，与西方插花艺术迥然不同。同学们知道中国传统插花最大的特点是什么吗？

同学：以花传情，寓教于花。

老师：是的，正如大家所说，中国传统插花最大的特点是以花传情。此外，还有崇尚自然、师法自然而高于自然，以及以表现自然美、线条美、意境美和整体美为品评、审美的原则与标准。大家知道中国传统插花的构成要素是什么吗？

同学：那肯定要有花呀，老师。

老师：那是肯定的，不过除了花材以外，容器、几架与配件也是中国传统插花艺术中不可或缺的组成部分。容器包括瓶、盘、篮、碗、缸、筒。同学们猜一猜我们今天要制作的容器是以上哪一种呢？

同学：我觉得有点像盘又有点像碗？

老师：今天我们配的容器是碗。此外，对于中国传统插花艺术的要点，大家一定要记得：形式自然（减少人工雕琢痕迹）、重形尚意（要有所表达）、起把宜紧，瓶口宜清（基部靠紧成束，器口清爽）。在构图时，有两种形式：直立式和倾斜式。同学们知道这两种形式的要点吗？

同学：不知道。

老师：直立式构图形式的插制要点有以下五点。一是确定花材插点在容器中的位置，二是确定各主枝的比例与长度，三是确定三大主枝和作品的基本轮廓，四是突出焦点花，五是注意辅枝的插法。倾斜式构图形式的插制要点有以下三点。一是确定第一主干十分重要，二是第二、三主干既为花材造型的骨架枝，又起均衡作用，三是发挥辅枝的作用。好了，今天的知识讲解就到这里。同学们，中国传统插花最重要的特点是什么？

同学：以花传情，表达自己对生命的理解与感受。

老师：是的，看来同学们都已经了解了我们这一堂课最重要的知识，接下来我们进入下一个环节。

2. 冥想放松（10分钟）

老师：各位同学，刚刚我们了解了中国传统插花的相关知识，相信各位同学对中国传统插花艺术已经有了一些了解。很荣幸有机会陪伴各位同学一起走过一段生命之旅，下面，我们进行冥想放松训练。

请大家找一个舒适的位置坐下来，可以靠在椅背上，也可以背部挺直离开椅背，直到你找到一个舒服的姿势。在练习时，头脑中可能会有一些画面，因此最好闭上眼睛，如果你愿意睁着眼睛，建议你盯着前方的位置。双手可以上下交叠也可以放在大腿上。感受你的双脚与地板接触，你的臀部与椅子接触，感受我们自身的重力。请把你的注意力放在呼吸上，关注呼吸的感觉。仔细体会，你会发现空气顺着鼻腔的内壁，缓缓流过，摩擦着鼻腔，气流像小溪、像羽毛……

体会一下身体在呼吸时的感觉，每次呼吸似乎都会排出一些东西。我们可以想象，每一次的呼气，都让你从紧张和忙碌中解脱出来一点，并多了一些舒适与安宁……

让我们把注意力拉回到你启程的那一刻，你安排好事务，一路来到这里，坐在教室，带着我们对生命的好奇与渴望，带着我们对生命的感受和想象。此时此刻，让我们的心慢慢地平静下来。也许你的脑海中会出现一些色彩、一些画面、一些念头，就让它出现。把你脑海里的那个念头，那个越来越清晰的念头，抓过来，就像抓来天上的一朵白云，仔细地观察。当你找到了这个画面及感受之后，请轻轻地睁开眼睛。

请大家闭上眼睛，采用舒服的方式，静静跟着音乐进行放松。(开始放音乐，3分钟后音乐停)

请大家调整呼吸，用你习惯或者喜欢的速度慢慢睁开眼睛，请每位同学记住自己脑海中的感受与想法。

老师：同学们，你们感受到了什么呢？

同学1：蓝蓝的天空，阳光洒在身上，暖洋洋的。

同学2：我想到了小时候和小伙伴们在荷花池里采摘莲蓬，然后剥开吃，虽然莲蓬很酸涩，但是现在想起来还是特别快乐。

同学3：我什么也没有想到，就是感觉很轻松，像睡了一觉。

3. 活动开始（40分钟）

老师：接下来就请各位同学用剑山插花来呈现你对生命的感受，让我们带着这种感受和画面默默地去寻找和你的感觉比较接近的、契合你关于生命的感受的花朵、枝叶，或者是那些你想要拥有的花朵与枝叶。如果你在这个形象化的过程中没有看到任何画面，那也没有关系，那就带着这种感觉去寻找你想要拥有的花朵与叶片。我们可以四处观察但不用相互交流，你可以随时补充或调整花材以达到你想要的效果，我们有40分钟左右的时间来完成这样的一个创作。请各位同学开始制作剑山插花。

5. 分享交流（25分钟）

老师：各位同学的作品已经制作完毕，现在我们有5分钟的时间，请邀请你身边的小伙伴进行交流，彼此介绍自己的作品：

（1）当你看着你的作品的时候，你的感受是什么样的？

（2）你在创作这个作品时的心路历程是怎样的？

（3）给这个作品取一个名字；

（4）这个作品表达了你对生命怎样的感受？

（5）你从这个过程中领悟到了什么？

各位同学，组内交流时间到了，请大家推选组内代表进行分享。

同学1：以前只是听说过插花，通过本次课，我才第一次接触插花。我抱着好奇的心情，满怀期待地准备创造属于自己的作品。看到各色的植物，长短不一、色彩缤纷，起初的我有一点疑惑，不知如何下手。但是在老师讲解与介绍之后，我学会了简单的色彩搭配，开始静心创作。我把作品取名为“孔雀开屏”，是因为我使用了文竹，它的叶很蓬松，一大片就好像孔雀的尾巴。作品只是自然之美的载体，它让我们明白生命的美好。通过拼凑与搭配，绿色的叶片不再显得单调，鲜艳的花朵也不再显得孤单。生活中的静物不缺乏乐趣，自然也不缺乏美丽。这堂课让我体会到了生命的力量。

同学2： 我们组的作品都是这种自然随意的设计，意在追求自然之美，取名为“大自然的馈赠”。生命从大自然中汲取养分，也会面临大自然的考验，生命的顽强不屈和坚韧，让它在重重考验下存活下来，这是生命与自然的统一。

同学3：在本次的插花体验课中，我选用了月季、文竹、天堂鸟、桔梗等几种花材，白色的桔梗代表纯洁，红色的月季代表热烈，文竹作为衬托，天堂鸟点缀其中。整个作品体现出了生命的蓬勃坚韧和生机盎然，所以我给作品取名为“花间叶下”。生命是充满着无限可能的，所以我们要满怀希望。

同学4：我的作品名为“颜色与高低”。在创作的时候，我希望作品五彩缤纷，富有层次，以此来表现生命的过程有起有落，且充满了不一样的色彩。

同学5：我的作品名为“无用之用”，这个作品的花材是由一些零碎的边角料组成的，虽然它们都是一些无用之物，但也能变得五彩缤纷。每一朵平凡的花都可以向往天空，每一朵不完美的花都能互相扶持。

6. 活动总结

老师：刚才，同学们都分享得特别好，插花不是为了插花而插花，而是要表达自己的感受，这其实就是本节课最大的目的与意义。在本节课中，我们学习了插花的知识，动手实践了剑山插花，每个人也都有了自己的作品。每一个作品，老师都觉得特别有意义。花蕾的含苞待放与人的青春懵懂，花朵的逐光绽放与人的追求渴望，花蒂的饱满果实与人的辉煌成就，花朵的娇嫩柔弱、凋零易逝又让人感到生命的短暂和脆弱。希望大家以后可以经常插花，以花传情，借花抒怀、明志，在生活中通过插花感受生命的美好，进一步陶冶情操，提升生活的幸福感。刚刚，老师在上课的时候提到，很荣幸有机会陪伴大家一起走过一段生命之旅，这其实就是大家的一段生命历程。刚刚有个同学的感受留给老师的印象特别深刻：每一朵平凡的花都可以向往天空，每一朵不完美的花都能互相扶持。虽然在老师心中你们都是优秀的、完美的，但我觉得这两句话中最重要的两个词是“向往”和“扶持”。我希望每一个同学都可以脚踏实地，仰望星空，虽然我们都很平凡，但是我们都可以去追寻自己的梦想，实现自己的梦想，成为一个不平凡的人。同时，在追梦过程中，我们不要忘了身边的朋友，我们不是一个人在战斗，大家一起努力、一起进步，才能让生活更加美好。

【教师反思】

通过本次课程，同学们对于插花有了一个初体验，能够感受中国传统插花艺术的魅力，通过插花作品感受生命的意义，提升了幸福感。但是因为学生是初次使用剑山插花器，所以固定的花枝不是特别牢靠，影响了最终效果的呈现。本次的花材由教师统一提供，限制了同学们的想象。后期，教师可以让同学在校园中寻找可以表达自己内心想法的花材。

二、“种植·体会生命的力量”之秋天的森林

【课程背景】

本次课的内容是属于“种植·体会生命的力量”选修课程中的“打开五感，体验生命美好”板块的内容，教学重点是打开五感，细致地感受秋天的森林。本次课通过引导学生在校园中寻找森林中的“质感”、森林中的“宝藏”、森林中的“形状”和森林中的“色彩”等来感受秋天的校园之美和森林之美，获得不同的体验，引发学生对生活的热爱与感悟。

【课程目标】

营造环境，帮助同学更好地感受和体验秋天和森林，同时增强同学们的团队合作能力。

【课程时长】

90分钟。

【课程准备】

1. 路线准备：教师提前规划好3条不同的森林探索路线。

2. 材料准备：准备好5组硬壳纸，每组4张（分别为森林中的“质感”、森林中的“宝藏”、森林中的“形状”和森林中的“色彩”）。

【课程人数】

30人（共5组，每组6人）。

【上课地点】

五感花园及校内森林（风雨操场、主楼后面的广场、湿地公园等）。

【活动过程】

以小组为活动单位，选出一名组长，组长带领小组成员走完规定路线，并完成相应的任务。

在活动中，小组成员需要分工配合，完成对四个主题的探索。

探索结束后，小组成员需要完成森林探秘主题作业并进行分享。

【具体实施流程】

1. 主题导入与理论知识（15～25分钟）

老师：请大家闭上眼睛，采用舒服的方式，静静跟着音乐放松自己。（开始播放音乐，3分钟后停止播放）请大家调整呼吸，用你习惯或者喜欢的速度慢慢睁开眼睛。

同学：我之前听过这首交响乐，这首曲子的名字叫作《维也纳森林的故事》，是由约翰·施特劳斯在19世纪创作的一首交响乐。

老师：奥地利首都维也纳的郊区有一片美丽且茂密的森林，它离城市不远，历来吸引着各国的游人。这片森林也是许多居住在维也纳的大作曲家们经常光顾的地方，森林的美景常常激起他们的灵感。约翰·施特劳斯是地道的维也纳人，《维也纳森林的故事》就是他献给故乡的赞歌。为了使乐曲具有浓厚的乡土气息，作者在管弦乐队里破例地加上了奥地利的民间乐器——齐特尔琴（原文为Zither，是一种拨奏弦乐器）。这种乐器拨奏出了这首圆舞曲中最主要的一段旋律，轻柔而华美，仿佛晨曦透过浓雾照进维也纳森林，还伴随着鸟儿们婉转的鸣叫。

请大家思考一下，刚才的自己是否仿佛置身于森林之中。

同学：是的，有一种徜徉于清晨的森林之中的感觉。

老师：好的，我们今天的主题就是在校园的森林中去探索和发现秋天的美好。我们今天的主题分为四个板块：森林中的“质感”、森林中的“宝藏”、森林中的“形状”和森林中的“色彩”。

3. 内容布置及活动开始（15～35分钟）

老师：请每组同学选出一位组长，在组长的带领下，完成设定的所有任务。下面，我带领组长熟悉路线，明确行进过程中需要完成的任务。

首先，是森林中的“质感”。在这个季节，虽然森林中有很多落叶乔木的叶子已经开始枯黄了，但是还有很多常绿乔木的叶子还很肥厚，是比较有质感的。除了树叶有质感以外，还会有很多树叶的果实也比较有质感，希望大家找到本组认为森林中最有质感的东西。

其次是森林中的“宝藏”。森林中除了有各类植物的根、茎、叶、果，还有各种动物活动留下的痕迹，以及各类矿物甚至石头。希望大家群策群力，发现属于自己的森林宝藏。

再其次是森林中的“形状”。森林中，各种动物、植物的形状不一，希望大家在森林中找到自己认为最美的形状。

最后是森林中的“颜色”。秋天的森林中，除了绿色和黄色以外还有什么颜色呢，希望大家去森林中发现不同的颜色。

老师：请各位同学带上我们的纸张，在组长的安排下进入森林进行探索。请大家注意个人安全，在森林中不要触摸危险的物品，并注意带上劳保手套进行防护。

5. 完成森林探索图并进行分享（25～30分钟）

学生1：森林中的“色彩”——于西湖密林深处搜索得到的叶片和花瓣，有彰显秋天的黄色，代表生命的绿色，以及绚丽的红色和紫色。（如图12-1所示）植物组织的颜色的波长从上至下依次减小，由此我们可以得出结论，在植物想要彰显自己的独特时通常会采用色谱中位于两极的波长。

学生2：这是我找到的森林中的“宝藏”——临凡玄鸟的尾羽，带着上天的馈赠。（如图12-2所示）如果不怕刺，还可以摘到像小珊瑚珠攒成的小球一样的红果子。

图 10-1 森林探索图 1

图 10-2 森林探索图 2

学生 3：这是我找到的森林中的“质感”——在孔雀屋附近拾得的完整的孔雀羽毛。（如图 10-3 所示）这根羽毛长达三十多厘米，也许可以用来做羽毛笔，利用虹吸原理写字。单根的羽毛摸上去跟头发似的，但合在一起的羽毛有着其柔软性和弹性。

学生 4：这是我找到的森林中的“形状”——多种叶片的形状，有来自乔木的和灌木的。（如图 10-4 所示）最底下就是一个骑士：左边是他手里的盾，右边是攥着的剑，正上方是他的头盔，右上方是头盔的翎羽，左上方是在追他的敌人。银杏叶是太阳，芦苇是风，三叶草是远处的森林。

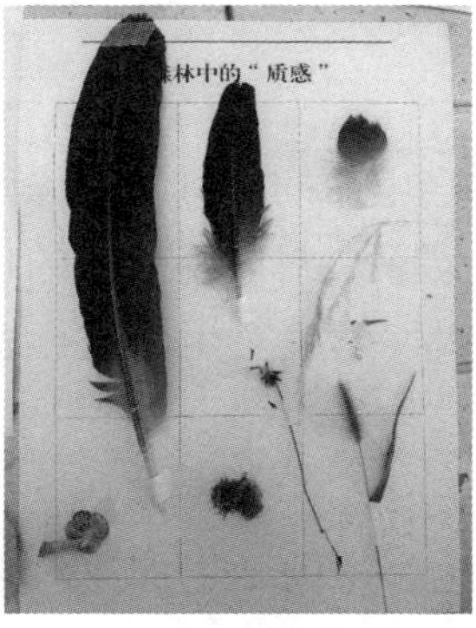

图 10-3 森林探索图 3

图 10-4 森林探索图 2

6. 活动总结

所以，一千个人眼中有一千个哈姆雷特。大家找到了属于自己的森林中的“质感”、森林中的“宝藏”、森林中的“形状”和森林中的“色彩”。森林是五彩缤纷的，秋天也是，成电更是。希望大家用心感受森林的美好、秋天的美好、成电的美好。

【教师反思】

在这一堂课中，我充分尊重学生的生活和经验，选取学生熟悉的校园作为活动场所，使活动自然拓展、延伸，充分调动了学生的积极性。对于学生而言，银杏是成电的象征，所以选择银杏作为材料的学生比较多，但我没有加以制止。结果也让我很欣慰，几乎所有学生的作业都有银杏树叶的元素，但每个小组对于银杏树叶的感受都是不同的。有的小组认为银杏树叶的形状很奇特，给人以唯美的感觉；有的小组认为银杏树叶很有质感，给人带来另类的晚秋感受；有的小组认为银杏树叶的颜色特别明亮，给人温暖的感觉；有的小组认为银杏树叶就是成电的宝藏。学生只有用心发现和探索更多的东西时，才能发现更美的森林、更美的秋天和更美的成电。

三、“种植：体会生命的力量”之彩绘风信子花盆

【课程背景】

本次课的内容是属于“种植·体会生命的力量”选修课程中的“体会生命力量”板块的内容。本次课聚焦对“生命”的理解和感受，通过具象化表达来引导学生，引发学生对生命进行思考，丰富学生对生活的理解。

【课程目标】

通过对“生命”进行具象化表达，帮助学生加深对生命的理解，并利用隐喻（在绘制的“生命之盆”里种下“生命之花”，并

陪伴和照顾风信子）激发同学对生命的期待。

【课程时长】

90分钟。

【课程准备】

材料准备：40个红泥小陶盆，适合40个陶盆的营养土，40个风信子种球，丙烯颜料，5个10格调色盘，40支排笔，大塑料水杯（清洗排笔），适量纸巾。

【课程人数】

40人（共5组，每组8人）。

【上课地点】

五感花园平台。

【活动过程】

用一个词表达自己对生命的理解，并将这个词具象化。

用丙烯颜料在小陶盆外围进行绘画，将具象化的内容画下来。

添加营养土，选择风信子球根进行栽种（风信子的花语：点燃生命，享受更丰盈的人生）。

分享过程中的感受。

【具体实施流程】

1. **准备阶段（15分钟）**

首先，请学生按照分组入座，让学生选择自己舒服的方式坐下，带领学生进行身心放松。

老师：同学们好！开始上课前我想请大家先问问自己：对今天这堂课有什么样的期待呢？刚刚，有同学看到周围的小陶盆就很好奇：我们今天是要种花吗？没错，今天是要种花，但又不是简单地种花，大家可能会想怎样的种花是不简单的呢？我先卖个关子。现在，请大家将身体调整到舒服的姿势，慢慢闭上眼睛，把注意力放到自己的呼吸上，不管你的呼吸是急促还是平缓，是浅短还是深长，都没有关系，只要按自己的节奏去呼吸就好。慢慢去感受一呼一吸间身体的感觉，去感受自己的肩背腰腹、头颈四肢。生命对我们来说非常重要，带给我们无限可能，每个人对生命也会有不同的理解，不知道此刻的你怎样理解生命呢？如果现在我们要用一个词来表达，你会用什么词呢？当你确定好这个词以后，请继续保持呼吸，去联想经由这个词你的脑海里会出现一个什么样的画面？慢慢将这个画面定格，然后以自己的节奏和方式慢慢地睁开眼睛。

随后，邀请2～3位同学分享自己刚刚想到的词。

张同学：我的生命之词是热烈，我们的一生就是要过得丰富多彩，就是要有心跳的感觉。

陈同学：我有点不一样，我想到的是平静。生命本身就是自由生长，植物长自己的根和叶，而我们做自己想做的事情，不用争，平静地做自己就好。

黄同学：我想到的词是敏感。生命要适应不同的环境才能更好地生活下去，敏感度，也可以说是敏锐度，就很重要。

赵同学：我第一个想到的词是恢复力，就是虽然我们面对各种压力，但是我们要找到让自己放松的方式，比如种花。植物缺水蔫了，但浇了水，它就可以重新伸展，我们也要找到自己的恢复方式。

2. 主题导入与理论知识（5分钟）

老师：同学们，从刚才几位同学的分享里我们能够感受到对生命不同维度的丰富理解，那都是我们的生命成长脉络。生命就是这样，有无限可能，也包罗万象。很多人在寻找生命的意义，我想在座的同学可能也都有自己的思考，也许还会有一些困惑。今天，我们就一起来丰富我们的生命探索之旅，用绘画这种表达方式来艺术地外化我们刚刚在脑海里想到的词和画面。

下面，我们就来绘制自己的生命花盆。

3. 内容布置与材料分配（5分钟）

老师：请每位同学领取一个小陶盆，在桌上有丙烯颜料和调色盘，适量选取你想要的颜色，也可以调配出独特的颜色，随后将刚才脑海里定格的生命画面绘制到陶盆外围，创造出自己的“生命花盆”。也许有同学会说“我不会画画”或者“画不好”，没有关系，我们不给作品打分，我们只需要把刚才的画面带来的感觉表达出来就可以，比如画面的颜色、形状、质感，这是我们独一无二的对生命的理解和感受，是特别宝贵和值得被看见的。接下来，大家会有25分钟时间来完成创作。创作时，请大家尽量不要讨论，只是静心去按自己的方式进行表达就好，用心去体会整个创作过程中的点点滴滴。

4. 手绘花盆（25分钟）

同学自由发挥，绘制自己的“生命花盆”。

5. 组内分享和班级分享（15分钟）

老师：我看同学们基本都完成了绘制，大家先在小组内分享你在生命花盆上表达的是什么？每位同学都要分享，大家彼此倾听和陪伴。小组分享的时间大约为10分钟。

（10分钟后）

老师：好的，刚刚各个小组都在积极分享，非常棒！现在，我想邀请几位同学在全班进行分享，分享的内容可以是你自己在这个过程中的感受，也可以是组内分享时让你印象深刻的地方。如果涉及小组同学分享的具体内容，请先征得该同学的同意后再在班级中进行分享。有哪位同学可以先带个头呢？好的，我看到有两位同学举手了，大家掌声鼓励！

王同学：我的生命之词是温暖。我觉得生命本身是很顽强的，不同生命之间也会互相感动，这种感觉就很温暖，就像太阳照着的感觉。所以，我画了太阳、花、草，有生机也有陪伴。

老师：谢谢王同学的分享，让我们感受到了一个“生命花盆”的温暖。（掌声）

李同学：我觉得生命是自然的，有周期也有新陈代谢，有无比脆弱的时候也有“自由生长”、坚韧的时候，所以生命就是自然的，以平常心去对待就好。我的画就是用平静的白色作为大片底色，加以黑色、红色、蓝色、绿色作点缀。

老师：又是一个很棒的分享！虽然呈现在我们眼前的“生命花盆”构图简单，却在帮助同学表达丰富的内心感受。谢谢李同学。（掌声）

老师：“生命花盆”承载了我们对生命的理解，现在，我们用它来培育我们的“生命之花”——风信子。风信子的花语是点燃生命，享受更丰盈的人生。所以，我们可以在自己的“生命花盆”里培育出自己想要的那朵“生命之花”。

6. **完成风信子的栽种（10分钟）**

老师：好的，我们现在就来完成对风信子球根的种植。将花盆装好营养土，每人选择一个球根，种到花盆里。大家可以看看PPT上介绍的种植要点。

7. **分享与总结**

【教学反思】

（1）通过本次课程，同学们对生命有了更具体、更直观的感受，同时也在分享中拓宽了视角，加深了对生命的理解。需要注意的是，当有同学有不同于主流的理解时，教师要理解和回应同学。

（2）个别同学会因为没有太多绘画基础而产生压力，因此教师要强调：这不是绘画考核，只是借助颜色、形状等帮助我们具象化地表达内心的感受。

（3）为增加趣味性和贴合生命多彩多样的特性，可以准备多种颜色的风信子，但并不标明，只是告知大家有多色风信子，让同学们在选择风信子时有期待和惊喜。

（4）对于风信子的种植常识，可以在课堂上简单提一下，同时鼓励同学们在课后查阅风信子的相关种植知识并定期进行拍照记录。

（5）事先将小陶盆和营养土按组分好放到对应的位置，便于同学们取用。

四、“种植·体会生命的力量”之花园小品设计

【课程背景】

本次课的内容是属于“种植·体会生命的力量”选修课程中的“创作生态之美”板块的内容，教学重点是通过花园小品的设计与建造，让同学们更好地观察校园生态环境，并尝试动手去设计和改变周边的环境。花园小品无论大小，都是校园环境的一个重要组成部分。在本次课程中，教师将与学生一同去创造校园之美，带领学生通过对花园小品的设计参与到校园环境的建设中来，以此提升学生的审美和生活情趣，提高学生的主人翁意识，帮助学生更好地与校园产生联结，激发学生的爱校情怀，使更多学生参与到学校的发展建设中来。

【课程目标】

提升学生的审美，增强学生的合作能力，激发学生的爱校情怀。

【课程时长】

135分钟（三节课）。

【课程准备】

场地准备：与校园相关部门提前沟通，确定花园小品的放置区域（或设计区域）。

材料准备：纸，笔，尺子，铲子，水桶，营养土。根据学生的设计准备相关物资，如废旧轮胎、植物、器皿。

【课程人数】

30人（共5组，每组6人）。

【上课地点】

五感花园。

【活动过程】

学生需要设计并完成花园小品的方案初稿，由老师给出修改意见，在课后修改，并于第二次上课时完成施工。

老师根据各组设计方案，于第二次上课前为小组准备物资。

花园小品完工后，所有小组成员需要分享感悟。

【具体实施流程】

1. 主题导入与理论知识（15分钟）

老师：当你走在校园的小路上，漫步在银杏大道，行走在生活区，对我们校园的环境印象如何?下面我们通过一组由同学们自己拍摄的校园景色的照片来看看我们的校园。

老师：看了这么多照片，我想邀请几位同学谈谈对校园自然环境的感受。

A同学：看了同学们拍摄的花花草草，说实话，我有点震撼，没想到校园里的植物这么多、这么好看。在这样的环境中学习和生活，让我感觉特别放松。

B同学：让我印象比较深刻的是宿舍区的照片。宿舍区内树木茂盛，焕发着自然的生命力，体现了人与自然和谐共处的美好。

老师：许多同学都谈了自己对校园自然环境的不同看法。其中，有好的方面，也存在着一些不足之处。面对这些不足，作为成电大家庭的一分子，不知道大家有没有想过我们可以做些什么?

A同学：我希望在我们组团门口的大草坪种上花。虽然说绿色让人感到舒服，但是有时难免显得单调，有了花之后，草坪就变得更加灵动了。

B同学：我发现学校里面有很多闲置的自行车，如果可以，我想把他们利用起来，作为道具，来装扮我们的校园。

老师：刚刚，同学们提了非常好的想法，也提了许多有创意的意见。但我也感受到，有些改造是我们随手可以实现的，但有些改造却是大工程。这样的大工程，需要我们一起去创作。今天，我希望与大家一起，带着我们的奇思妙想，发挥团队协作力，设计我们的理想花园，对校园里那些我们觉得不是那么好、那么漂亮的地方进行改造。

2. 内容布置（10分钟）

老师：今天，课程的主题是花园小品设计。首先，在我们真正开始动手之前，我们需要以小组为单位，一起讨论设计我们的校园小品方案，画出初步的设计图。其次，本堂课结束后，各小组在课后完善、更新方案。最后，实施方案，装饰和美化我们的校园。

3. 讨论完成花园小品的设计初稿（25分钟）

小组成员一起讨论花园小品的设计方案。每位同学要为小组花园至少提一个意见。

4. 花园小品的施工（45分钟）

各个小组根据完善后的设计图纸，进行花园小品的设计。

5. 讨论（10分钟）

整个园艺作品完成之后，老师带领学生进行讨论。同学们可以就种植植物的意向、种植植物的感受、对作品的整体构思等问题展开讨论。

6. 作品分享（20分钟）

老师：各位同学，我们的小组都完成了对花园的设计，接下来，请小组的一名同学来分享自己参与花园小品设计的感受。

同学1：这次，我们以废旧自行车作为主题，打造花园小品。在前期的讨论过程中，我们小组希望能够变废为宝，因此便将目光锁定在了我们组团下长期被闲置的自行车上。我们的构思很美好，但执行起来却很困难。在制作过程中，我们发现要将一个废旧自行车变成一道靓丽的景观有多么艰难，对颜色搭配、图案形状、固定方法等都需要进行考虑。由于审美的差异，这次的小组合作比以往都要困难，毕竟审美没有标准答案。大家不同的想法最后也促成了一幅有趣的作品的诞生。发现美、创造美的过程总是充满了快乐。我们将这次的作品放在组团门口外，希望每天进出门禁的同学能够感受到它给生活带来的一抹色彩。

同学2：我们小组选择在七组团前的空地上建造一个轮胎花园。通过老师的帮助，我们联系了学校附近的汽修厂，采购了四枚废旧轮胎。在清洗和搭建后，我们使用不易脱落的丙烯颜料在轮胎表面绘制了装饰图案。之后，我们从后勤部门的苗圃中运来泥土，从花园挑选了易于存活的常绿植物，栽种在轮胎花坛中。虽然搬运轮胎、泥土的过程比较劳累，但在校园里拥有一座属于自己的景观，能为校园增添一份色彩，着实是件非常有意义的事。时至今日，轮胎花园已走过两个春秋，花坛里种下的花草灌木也逐渐变得茁壮。每当我看见花坛里的花朵悄悄绽放，望见往来的人们为之驻足，我便会感觉到幸福。

7. 课程总结（10分钟）

老师：感谢大家在这个过程中的相互支持、陪伴与合作。听到各位有这么多的感悟和收获，我真心地为大家感到高兴。大家协作完成的花园小景从今天起将一直留在那里，成为校园的一部分，与校园一同成长和发展。希望同学们在后续的课程中继续管理好团队的花园小品，并完成“花园小品养护日志”。我们一起呵护它们的成长，让它们成为这个校园里最靓丽的风景线，成为大家在成电的专属记忆。一花一草皆生命，一枝一叶总关情。让我们共同养护和美化我们的校园。

【教师反思】

在实际操作的过程中，教师可以根据实际场地的变化，调整花园小品的大小，作品的大小对学生的价值感和意义感的提升有明显的影响。在条件允许的前提下，教师可以邀请园林专业的教师对学生进行园林相关知识的介绍，拓宽学生的知识广度。

五、“种植·体会生命的力量”之五感盲行

【课程背景】

本次课的内容是属于种植课中的“打开五感，体验生命美好”板块的内容，教学重点是打开五感。五感是指人们的视觉、听觉、嗅觉、味觉、触觉五种感觉通道。我们是通过这五种感觉通道来感受世界的。在日常生活中，人们通常会被视觉信息所吸引，忽视其他感官带给我们的重要信息。在本次课的活动中，教师通过减少视觉信息，引导学生通过其他四种感官来感受花园的信息，获得不同的感官体验，引发学生对生活的好奇与感悟。

【课程目标】

营造环境，帮助同学们打开五感，让同学们更好地感受大自然，同时增强同学们的团队合作能力。

【课程时长】

90分钟。

【课程准备】

1. 路线准备：教师提前规划好5条不同的盲行路线。

2. 材料准备：准备好25个眼罩和25份情感地图。

【课程人数】

30人（共5组，每组6人）。

【上课地点】

五感花园。

【活动过程】

以小组为活动单位，在小组内选举出一名引导者，引导者带领小组成员走完规定路线，并完成相应的任务。

在活动中，小组成员需要戴眼罩，并且不得使用语言进行交流。

盲行结束后，所有小组成员需要完成情感地图并进行分享。

【具体实施流程】

1. 课前热身（10分钟）

老师：请大家闭上眼睛，采用舒服的方式，静静地跟着音乐放松自己。（开始放音乐，3分钟后音乐停）请大家调整呼吸，用你习惯或者喜欢的速度慢慢睁开眼睛。

随后，邀请2～3位同学分享自己脑海中的画面。

同学："我之前听过这首轻音乐，这首音乐的名字叫作《渔舟唱晚》，这首音乐的歌词出自唐朝诗人王勃的《滕王阁序》。刚才在听音乐的时候，我的脑海中出现了以下画面。傍晚时分，渔夫在渔船上歌唱，夕阳映照万顷碧波，渔船慢慢地随风飘到了湖中间。夕阳西下，一轮圆月慢慢升起，船慢慢地飘着。渔夫的歌声时远时近。"

2. 主题导入与理论知识（15分钟）

老师：各位同学，请大家回答我一下，我们常见的感知外界的方法有哪些?

同学：用眼睛看、用耳朵听、用手触摸、用鼻子闻、用嘴吃。

老师：是的。我们常用的感知是"看"。但是大家有没有想象过，如果自己的眼睛看不见了，会怎么样呢?有没有同学可以分享一下?

同学：如果我变成了盲人，我肯定会把自己关在屋子里一个月，不与任何人接触，慢慢地适应盲人的生活。一个月之后，我相信自己可以很好地融入社会。

老师：可能我也会和这位同学一样，在最开始有点崩溃，但是慢慢地就会发现，没有了眼睛，人还有其他的感知。

下面我们来玩一个互动小游戏，请一位同学来配合我一下。请其他同学注意观察。

【互动环节】

老师带领同学来到一条空旷的道路上，给同学戴上眼罩后，请同学独自向前走15步。结束后，学生取下眼罩并分享感受。

同学：当我的眼睛被蒙上后，我觉得自己和外界失联了，无法通过眼睛感知外物。最开始，凭借之前的记忆，我还可以大胆地走，但是长时间看不见，我只能通过用脚触碰来感受是否有危险，因此很慌张，我特别希望有人可以来扶我一下。我本来以为自己走得很远，但结束后，摘下眼罩，发现自己的移动距离只有5米左右。

老师：谢谢同学的分享，请回到座位就座。各位同学，刚才这位同学的分享让我们感受到，当突然不能用眼睛感知周围时，我们会很害怕。今天，我们课程的主要内容就是：五感盲行。

3. 内容布置（15分钟）

老师：请每组同学选出一位引导者，引导者不用戴眼罩，其余组内同学均要戴上眼罩，并在引导者的带领下，完成设定的所有任务。在活动过程中，所有人不得发出声音。下面，我带领引导者熟悉路线，明确行进过程中需要完成的任务。在行进过程中有蹲下、跨台阶、用左（右）手触摸、闻一下、吃等动作，因此同学们要思考：在不能发出声音的时候，引导者会通过什么样的特定形式把信息传递给大家呢？比如跺一下脚、拍一下左肩等。

老师带领引导者进入五感花园，告诉引导者在听觉区（流水的声音、地板钢琴、石子路等）、嗅觉区（天竺葵、桂花、薄荷、藿香等）、触觉区（水、多肉植物、花瓣、芦荟叶等）、味觉区（薄荷、大葱、金橘等）的必选动作及任务，引导者要带领组内成员完成全部规定任务后才能返回起点。

熟悉路线后，引导者返回各自小组，要对路线及过程保密，其余同学告诉引导者各自动作的“暗号”，大家相互熟悉和了解，并确定小组成员间的排队顺序。

4. 活动开始（25分钟）

老师：请各位同学把眼镜放在桌面上，除引导者外，每人领取一个眼罩。引导者站在第一排，其余同学带上眼罩，站到引导者身后。整队完毕后，应再次强调全程不得发出声音。同时，引导者要注意行进过程中的安全。老师通过手势引导各组成员按照随机指定的路线出发，各组的五感盲行活动开始。

5. 完成情感地图及分享（25分钟）

在所有同学完成全部盲行环节后，老师给除引导者外的小组成员发一张情感探索地图，小组成员凭借回忆画出自己想象中的路线图，同时标记出自己在哪些地方闻见了什么、摸到了什么或者听见了什么。每个组请一位同学分享自己的情感地图，并谈一下自己对这次活动的感受，同时请引导者给组内同学分享一下刚才的路线。

同学：在五感花园中进行的“五感盲行”课程无疑是我印象最深刻的一节课，我们要在物理上模拟失去视觉（佩戴眼罩）的情况，利用其他感觉对五感花园进行感知。这在课程开始时对我来说当然是很轻松的，而且还会有同学带领我们，这使得我的心中更是没有什么负担。但是当我戴上眼罩，当我视野的90%都处于黑暗之中时，我的心情产生了一些微妙的变化。

大一时，我也曾来到五感花园参观，并在这里上过几次课，所以我知道这里的面积并不算大，行走起来的安全性应该很高。可是，在失去视野后，我所迈的每一步都充满了未知，我不知道下一步会走向哪里，即便是我的前面有同学的引领，但我还是会充满怀疑地、不自信地迈步。这种感觉既陌生又痛苦，我只好紧紧抓着前面同学的衣服慢慢前进。在前面同学的引导下，我确实从味觉和触觉上感受到了我曾经见过的植物，但是这一趟短短的旅程在我内心造成的无助、惶恐、不安却前所未有。在抵达终点后，我摘下眼罩，感受着这被短暂剥夺但又重新获得的光明，又看到有一位同学被老师特意牵出原有的队伍，让她跟着别的队伍一同行进，然后又被老师拉出茫然地站在原地，那种无助让我的感受更加深刻。

在这短短的旅程中，我们走过的空间是有限的、经历的时间是有限的，但是视野的黑暗带给我们的未知和不安是无限的。我们尚且可以感受到一丝光亮，没有完完全全地失去光明，但是在黑暗中行进的滋味绝不好受。试想那些盲人，如何在没有视觉这一感官的情况下生活，他们内心中对光明的渴望和因视野黑暗带来的惶恐不安又有多么强烈！即使失去了视觉，他们也在顽强地生活着，我想这就是生命的顽强不屈，这就是生命内在的强大力量吧。

引导者：老师从每个小组中选出一位同学负责引导小组成员进入五感花园，为每个小组制定了五感盲行的路线，还给引导者们仔细讲解了帮助小组成员打开五感的小技巧。之后，除了负责引导的同学之外，其他小组成员戴好眼罩，按照顺序以小组为单位进入五感花园。作为我们小组五感盲行的引导员，一路上，我带着大家闻了闻金银花、薄荷叶，摸了摸多肉植物、仙人掌、雏菊花瓣，尝了尝金橘的味道，听了听流水的声音，从沙地走到了平坦的水泥地，最后回到木板地。盲行结束后，我们组的成员们摘下眼罩，根据感知到的线索摸索盲行的线路，大家纷纷表示这次的经历非常有意思。

6. 活动总结

老师：刚才，同学们都分享得特别好，每个同学的收获也不尽相同，有些同学收获了信任，有些同学对沟通有了进一步的理解，还有同学对自己有了进一步的认识。我自己印象特别深刻的是，有位同学说：“原来生命不仅有光，还有味道，还有形状，还有一帮同学。”当你开始打开五感、打开心怀的时候，生命的美好就能进入我们的生命中了。大家有这样的感受，我们今天这堂课的目的就达到了。打开五感，让更丰富的感受进入心里，打开并扩大与外部世界的通道，感受生命的美好，必将会让我们更加地热爱生活、热爱生命。有同学告诉我：“老师，我以前总是过着‘三点一线’的生活，从教室到宿舍再到食堂，日复一日，生活没有什么变化，乏味且无趣。但是上完这个课之后，我走在校园里，会观察路边的野花是否开放了。我欣赏树叶打着旋儿落下时划过的曲线，我能看到迎面走来的人的笑脸。‘点’仍然是‘点’，但‘线’却不再是‘线’，我的生活丰富了。我觉得每一天都比前一天更精彩了，幸福感也油然而生。”

用打开五感的方式来提升我们的感受力，能够让我们做生活的有心人，用心去看、去听、去闻，然后创造更丰富、自由和有张力的生命。愿每一位同学都能够享受精彩的人生。

【教师反思】

为了增强活动的趣味性，我有时会在学生“盲行”时，把排在末尾的同学引到别的地方。其实，本次活动可以保证多数学生参与，但是各组的引导者不能参与其中，因此可以考虑邀请课程助理担任引导者，让同学们全部参与其中。

六、“种植·体会生命的力量”之植物拓印

【活动背景】

本次课的内容是属于“种植·体会生命的力量”团体辅导活动中“情绪管理 ”板块的内容，教学重点是植物拓印。健康的情绪状态能够提高学习、工作的效率，促进身心健康，而负面情绪不但会影响日常的工作和学习，还会引发各种身心疾病。部分大学生无法正确地识别情绪、理解情绪和管理情绪，并且学习学业、人际交往、自我发展等压力，也会给大学生带来很多的负面情绪。因此，没有管理情绪技巧的大学生就容易被负面的情绪所左右。而拓印在我国有着悠久的历史，简单的植物拓印就是用布紧覆在物体（如植物的叶等）表面，将其纹理结构拓在纸上。通过这种原始而又古老的方式制作出来的简约艺术品能带给我们宁静。

【活动目标】

帮助同学缓解负面情绪，同时培养学生对美的感悟。

【活动时长】

90分钟。

【活动准备】

材料准备：31个帆布袋，31个小锤头，31张纸巾，10把剪刀。

注：每个小组有2把剪刀。

【活动人数】

30人（共5组，每组6人）。

【活动地点】

五感花园。

【活动过程】

各小组成员领取活动器材，前往五感花园收集植物叶片、花瓣等（收集活动不得影响植物的正常生长）。

将叶片和花瓣按照自己喜欢的排版放在帆布袋上，通过纸巾固定叶片和花瓣，随后通过利用锤头敲击，将叶片和花瓣拓印在帆布袋上。在活动结束后，对作品进行分享。

【具体实施流程】

1. 主题导入与理论知识（10分钟）

老师：各位同学，大家在日常生活中，是否存在情绪比较激动、压力比较大的时候？健康的情绪状态能够提高学习、工作的效率，促进身心健康，而负面情绪不但会影响日常的工作和学习，还会引发各种身心疾病。因此，我们需要宣泄情绪、释放压力。请同学分享一下，你在压力比较大的时候，是通过什么样的方法来宣泄情绪、释放压力的呢？

同学1：我会戴上耳机，听着我喜欢的音乐跑步，当汗水流淌时，我会觉得特别舒畅。

同学2：我会约上好朋友一起吃一顿，吃得饱饱的。

同学3：我会选择冲澡，当热水淋过我的身体时，我的压力也就慢慢消失了。

老师：看来大家很有经验，在有压力的时候，都能找到一个适合自己的缓解压力的方法。今天，我们就给大家带来一种新的缓解压力的方法——植物拓印。在缓解压力的同时，大家也可以进行美的创作。

2. 内容布置（10分钟）

下面请每组派一位同学来领取器材，每位同学有一个帆布袋、一个小锤头、一张纸巾，每个小组有两把剪刀。

3. 演示（20分钟）

老师摘一片叶子放在帆布袋上，将纸巾盖在叶片上，固定叶片，用小锤头敲击叶片，力度要适宜，保证叶片被全部敲击。等到叶片的汁液全部渗透出来，则停止敲击。轻轻地掀开纸巾，此时，叶子的形状和颜色已经拓印在帆布袋上。

注：①在采摘叶片时，一定不能影响植物的正常生长。

②可以考虑采摘汁液较多的叶子，此种叶子的拓印效果比较好。

③在捶打时，尽量保证力度相同，否则会影响拓印；并且一定要确保叶子的所有部位都被敲打。

④在进行敲打前，不用马上进行拓印，而是可以结合自己采摘的叶片和花瓣进行设计，拓印出自己喜欢的图案。

4. 活动开始（45分钟）

老师：各位同学，请大家首先进行叶片采摘，然后进行植物拓印。

学生前往五感花园平台采摘叶子，完成设计并开始进行拓印。

5. 分享（25分钟）

老师：各位同学，请大家在小组内分享一下自己的作品，10分钟后，每组选出两位同学上台进行作品分享。

同学1：在这门课上，我第一次接触到了植物拓印，我很好奇如何在画布上印下美丽而真实的图案。我迫不及待地摘了一些颜色鲜艳的花叶，平铺在帆布包上，一锤一锤地敲出花瓣的轮廓，整个教室充满了大家的笑声和敲打声。而且，在体验的过程中，组员们相互欣赏彼此的“杰作”，有赞美，也有善意的大笑。总之，这是我第一次做植物拓印，收获了一个“新潮”的帆布包，认识了一群可爱的小伙伴，释放了积压在内心很久的负面情绪，拥有了一段独一无二的回忆，也找到了一种热爱生活的方式。

同学2：在锤击之前，我们一组人达成共识，找来了各种各样色彩鲜艳的叶子，期待在帆布包上印上好看的颜色。在锤击之前，我还一直有点怀疑，用叶子真的能给帆布包印出好看的颜色吗？真的不会做出抽象派的作品吗？我抱着这种半信半疑的心态锤着叶子，果然……最后的图案还是挺抽象的。有些叶子看起来非常鲜艳，锤出来竟然是绿色的；有些叶子含有太多色素，轻轻一锤，颜色就会浸到另一面；有些叶子锤久了就会黏在帆布袋上面。我们同组人都在互相展示自己的作品，聊得不亦乐乎。最后，到了展示阶段，我们惊奇地发现，银杏叶锤出来的帆布袋，真的好看到可以拿来做纪念品。通过这节课，我们的成员不仅收获了友谊，还收获了一个独一无二的帆布袋。在不断地锤击中，我既把烦恼抛在了脑后，还将这美好的记忆锁在了这个帆布袋中，永远留存。

6. 活动总结

老师：刚才，在同学们进行拓印创作的时候，我一直在观察，发现每位同学都是多才多艺。通过大家的反馈和感受，我觉得本次的课程是成功的，我就是希望为大家提供释放情绪、缓解压力的一种方式。同时，在任何时候，大家都需要有一颗发现美的眼睛，以及创造美的意识。虽然我们都会有烦心事，但是要利用适合的方式调整情绪、缓解压力，从而对生活更加热爱，充实快乐地过好每一天。

【教师反思】

通过本次课程，同学们在缓解压力时又有了一种新的方法。当然，这种缓解压力的方式并不是对所有人都适用。我在上课时观察了每位同学的状态，发现有的同学不觉得这是一种缓解压力的方法，每一次敲击都会让他觉得烦躁，因此不要强迫每位同学适应这种方法，而是要鼓励每位同学找到最适合自己的缓解压力的方法。

七、“种植·体会生命的力量”之寻找校园生命力

【课程背景】

本次课的内容是属于“种植·体会生命的力量”选修课中的“打开五感、体验生命美好”板块的内容，教学重点是打开五感，感受校园的自然生命力。大学生群体在校期间忙于学业和学生活动，“三点一线”式的校园生活成为学生的常态，长期的室内环境和课堂环境，让学生的学业压力和人际压力难以排解。本课程通过让学生充分体验在校园的自然环境中寻宝带来的乐趣，帮助学生细化五感，感受平静、专注的力量，缓解负面情绪，减轻压力。

【课程目标】

寻找校园生命力，帮助学生打开五感、细化五感，唤醒学生对校园自然环境的关注。同时，增强学生的校园归属感，增强学生与校园、自然，以及人之间的联结。

【课程时长】

90分钟。

【课程准备】

路线准备：教师提前准备电子科技大学校园全景图，并规划好3个不同的寻宝区域。

材料准备：15个眼罩，3份生活中常见的植物，3份电子科技大学全景图，3份森林九宫格图纸，6张寻宝区域内的景观照片。

【课程人数】

30人（共3组，每组10人）。

【上课地点】

香农花园。

【活动过程】

以小组为活动单位，各个小组分别前往不同的寻宝区域，并完成相关的任务。

在活动中，小组成员需要用心观察周围的环境，并在照片显示的景点处拍照打卡。

寻宝结束后，小组成员需要合作完成森林九宫格图纸并进行分享。

【具体实施流程】

1. 互动环节（15分钟）

请同学们按照分组入座，每组派5名代表参与游戏。老师讲解游戏规则：在每一组的面前放一个校园中常见的植物，每组的代表戴上眼罩，通过触觉、嗅觉、味觉、听觉猜想面前放置的植物。获得第一名、第二名、第三名的小组在之后的寻宝活动中分别可以获得关于打卡地点的3个、2个、1个线索。

在游戏结束之后，同学们可以和大家分享一下自己猜出植物的依据和心路历程。

2. 主题导入与理论知识（15分钟）

老师：各位同学请看这张图片，这是校园里的一个角落，谁能告诉我这是哪里？ 大家可以想象一下这张照片里有多少种生物吗？

同学：这是东湖的××，有天鹅，有鱼，大概有××种动物吧，植物就数不清啦！

老师：答对了，那么我们再看看这张照片，大家可以告诉我，当你看到这张照片的时候，想到了什么样的味道？脑海中浮现出了什么样的场景？

同学：我的脑海中浮现了在秋高气爽的清晨，去图书馆的路上看到了大片的桂花树的画面，闻到了让人神清气爽的桂花香味。

老师：通过观察上面两张照片，我们可以感觉到，视觉是可以刺激到其他感觉的，比如说嗅觉、触觉，我们的五感其实是相通的。同时，校园里有很多这样美好的自然场景，可以给我们提供非常丰富的感知。这节课，我们就一起来探索校园生命力。

3. 内容布置（15分钟）

老师提前将校园分为三个寻宝区域，分别为西湖、东湖和银杏大道，并在每个区域拍两张具有标志性的照片，作为同学们寻宝时的打卡地点。

老师：请每组同学选出一位组长，各位组长按获胜次序选择各自的寻宝区域，并领取材料，其中包括一份森林九宫格图纸，两张寻宝区域内的景观照片。接下来，大家可以前往各自的寻宝区域，完成寻宝任务，填满九宫格图纸。为了提高大家探索和感受自然的积极性，我还专门设置了一个支线任务，大家手里的照片是我事先在寻宝区域内拍好的，同学们可以仔细观察和感受环境，找到照片中的地点和拍摄角度并拍一张类似的照片出来。

4. 活动开始（25分钟）

老师：请各位组长带领本组同学们前往寻宝区域。组内自由分工，完成主线任务（完成森林九宫格图纸）和支线任务（照片地点打卡）。在完成任务的同时，大家要用心感受周围的一切，打开五感，感受自然的奇妙、校园的魅力。

5. 完成森林九宫格图纸及分享（25分钟）

在完成全部寻宝任务后，小组同学合作完成老师提供的森林九宫格图纸，大家也可以在图纸上标记自己在完成任务过程中的所见、所闻、所感。每组请4位同学分享自己的森林九宫格图纸，并谈一下自己对这次活动的感受，同时分享一下大家找到打卡地点的依据。

同学1：一直以来，我都忙于学习和生活之中，虽然知道学校是闻名的“清水河公园”，但始终无暇去欣赏学校的美好风景。因此，参与这次活动，不是为了学业，不是为了生活，而是为了贴近自然，和小伙伴一起探索校园。探索校园在路上，我们看到了数不胜数的“奇珍异宝”：各色的树叶，各色的花，黑色的小蘑菇，还有长得颇像灵芝的木蹄层孔菌。我感受了自然，也学到了很多知识。其中，让我印象最为深刻的便是一棵柚子树，在校三年之久，我第一次知道原来学校还有柚子树，看到树上和树下一个个黄色的小柚子，我们都开心极了。以前，我只知道学校的银杏闻名遐迩，而今漫步于校园，微风袭来，不禁觉得每一眼都是一幅绝美的画面。我像是收集家，捡拾着来自自然的馈赠，从听觉、视觉、触觉、嗅觉感受着这个熟悉又陌生的校园。想到这儿，我不禁感觉自己在匆忙的生活中错过了许多。人类每天陶醉于科技带来的欢乐中，内心常常焦虑不安，殊不知，生活的快乐和舒适其实就隐藏在自然之中，只要你愿意用心感受、用心体会，便能沉醉其中。这次的课程拓宽了我的视野，让我重新认识了学校、认识了自然。

同学2：“寻找校园生命力”这节课带给了我很多新的体验，这也是我第一次这么全面地观察校园。以前，可能由于学业紧张、心情浮躁等原因，我没能放慢脚步来观察这份美好。但这次和新认识的小伙伴一起逛校园，我有一种新鲜和刺激感，这也是一种慰藉和放松。在活动的过程里，我们从品学楼出发，走到了图书馆的后面。我们采摘了许多颜色的树叶，想用它们来填满我们的色彩盘。我们学校的银杏树，绿色和黄色的叶子存在于一棵树上，虽然没有一片金黄的震撼，但是我们通过这种状态感受到了时间和生命的流转。一路上，我们也看到了许多盛放的花、凋零的花，它们各有各的美好。时间过得很快，如果没有时间的限制，我们可能还会再游历下去。对于我来说，这是一次惊奇而又温馨的大冒险。

6. **活动总结**

老师：刚才，同学们都分享得特别好，有真情实感，每个同学的收获也不尽相同，有些同学对沟通有了进一步的理解，还有同学对自己有了进一步的认识。通过这次课程，我相信大家对校园也有了更深的认识，增强了校园归属感。我自己印象特别深刻的是有位同学分享的森林的“质感”里面提到了苔藓，我们在生活中不曾留意它们，但是它们却顽强地生长看，还有位同学在森林的“宝藏”里提到了羽毛，这也很新奇。原来生命不仅有光，还有味道，还有形状，还有同学。当你开始打开五感、打开心怀的时候，生命的美好就能进入我们的生命中了。大家有这样的感受，我们今天这堂课的目的就达到了。

【教师反思】

通过本次课程，同学们对校园的自然环境有了更加直观和深刻的感受。在最后的分享环节，教师可以引入一些更加多样化的形式，比如展览等，或者引入生物知识，从而让课程更加有趣。

八、“种植·体会生命的力量”之植物微景观制作

【课程背景】

本次课的内容属于“种植·体会生命的力量”课程中“打开五感，热爱生活”板块“创造美好”的内容，教学重点是通过对微景观的制作，提升感受力，学会放松，感受生命的力量与生活的美好。同学们精心挑选植物以及摆件进行微景观创作，积极构思和布景，将内心无意识的世界映射到园艺作品中，通过具体的描述和心得分享，感受内心世界中的宁静和对美好生活的向往。在制作过程中，与其他人的讨论和互相帮助，也进一步加强了人与

人之间的联结，让同学们在制作和分享中舒缓了压力。同时，同学们把植物带回寝室照顾，在照顾的过程中体会生命的力量、生命的坚韧、生命的脆弱。另一方面，当学生感觉到有个生命需要自己去照顾、呵护的时候，便能增加对自己的肯定，激活生命活力。

【课程目标】

帮助学生了解一些园艺心理基础知识，了解植物对人的五感刺激，认识园艺疗法的可行性。同时，学生通过制作植物微景观，进一步亲近自然环境，感受生命的美好，舒缓学习和生活带来的压力；通过对植物的照顾，感受生命的可贵，体会生命的责任。

【课程时长】

90分钟。

【课程准备】

上课前需要准备的材料如下：吊瓶、吊瓶支架、轻石（或者陶粒）、腐殖土、水苔、苔藓、植物（种类和颜色多样，高矮匹配）、摆件、沙石、镊子、喷壶、土铲子。

【课程人数】

40人。

【上课地点】

香农花园。

【活动过程】

首先由老师讲解课程的目标以及植物微景观的制作步骤；

同学们领取材料，根据步骤完成植物微景观制作；

学生分享，老师根据同学们的作品和分享运用心理投射理论进行点评。

【具体实施流程】

1. **主题导入与理论知识（10分钟）**

微景观，主要是用苔藓、蕨类或者多肉等生长习性相近的植物，搭配各种造景小玩偶、石头、枯木等，运用美学的构图原则组合种植在一起的新型桌面盆栽。

微景观制作的过程也是一个感受和发现美好的过程。在自己的桌子上放上一盆微景观，劳累疲乏时抬头瞥见那一抹绿色，每天闲暇时观察那个小世界里发生的一切，不仅可以帮助同学们在繁忙的课业压力中得到短暂的放松，更能够使同学们获得内心的平静和安慰。

2. **步骤讲解（5分钟）**

第一步，倒入薄薄一层轻石或火山岩并将其铺平，注意控制轻石层的厚度。

第二步，铺一层浸湿的水苔，也可以先铺干的水苔，将其喷水至湿润。

第三步，铺入一层厚厚的腐殖土，根据造景需求调整土壤的坡度。

第四步，种植植物。先种植较高的植物，再种植低矮的植物。建议将植物靠后种植，前面可以用摆件造型。

第五步，铺苔藓，遮盖腐殖土。

第六步，根据自己的构思，用装饰砂石和摆件进行布景。

第七步，用喷壶往吊瓶里加水，将腐殖土完全喷透，直至底部轻石层有微量积水为宜。

3. **活动开展（50分钟）**

同学们根据老师的讲解领取需要的材料，在制作过程中，以植物、摆件、人物等为基本构成要素，随意搭配，随心创作，教师给予制作上的指导。

4. **学生分享感受（15分钟）**

同学1：在动手制作之前，我并没有什么把握能做出一个像样的微景观，但是做出来后，我发现效果竟然还可以。我做的微景观主要由花草、苔藓、泥土、细沙和小玩具组成。在做之前，我先构思了一个大概的样子，打算以泥土铺底，前面放上苔藓，后面种上花草，这样看起来就像一个小森林，后面的是树木，前面的是草地。既然有森林，当然还要有河流，我就用蓝色的细沙环绕一周，看起来就像一条怀抱着森林的小河一般。有了自然景观，还要加上人物，我放了一个小女孩的玩具在苔藓做成的草地上，一只小鸭子在她面对着的蓝色小河上，就像是在与小女孩交流，这样组成的微景观也就有模有样了。（如图10-5所示）我要把我的微景观拿回宿舍放在书桌上，给我的书桌增添一丝亮色。

图10-5 微景观1

同学2：我首先向半开口的玻璃球里添加土壤，然后将准备好的植物种在土壤里，再在空白的地方铺设草坪。随后，我把蓝砂铺成了河流的形状，并在上面撒些白石子，再将准备好的小男孩和小鸭子放在河流上，把路牌放在河边，就是想表现出年幼的小男孩在水中嬉戏的样子，再喷上些许水，微景观就完成了。（如图10-6所示）做这些小手工物品还挺有意思的，而且微景观还可以让我们学习和工作的地方变得更加舒适。我们在繁忙的生活和学习中也应该抽出些时间去感受自然，这样既能舒缓我们的压力，又能使我们的身体更加健康。

图10-6　微景观2

同学3：在听了老师的讲解后，我和身边的小伙伴共同合作，首先在玻璃器皿中铺一层轻石，然后铺一层浸湿的水苔，之后用铲子加入一层营养土，土堆前低后高以实现层次和美观。接着将花种入盆中，调整土和石块，铺上苔藓以固定，并用喷壶给盆和植物浇少量的水。至此，基本工作就完成了。接下来，我又在土中插入了一些小玩偶作为装饰。我的装饰物是一个小男孩、一只小鸭子、一朵蘑菇，以及用蓝色石子铺成的一条小河，我的想法就是打造一个河边的生态场景，有人、有花草、有动物。这个微景观盆栽表达了我对自然的美好想象。（如图10-7所示）

图10-7　微景观3

5. **活动总结（10分钟）**

植物微景观的制作是将现实世界的植物与我们真实的内心连接，用有生命的植物表达自我、认识自我，用生命影响生命。微景观植物可以成为一个很好的提升内在力量的载体。学生可以在一个个小小的瓶中读出自己的内心，从而缓解紧张与焦虑，培养自信与人格，发展想象力和创造力，在大学生活中慢慢完善自我。

通过制作精致的植物微景观，学生感受到了手工制作的乐趣，同时锻炼了自己的耐心和专注力。在照顾和陪伴植物成长的过程中，学生也能够逐渐感受到生命的力量。这抹绿色也可以让学生在繁重的课业压力下找到一片宁静，缓解他们的压力，让他们的头脑变得更清醒、心变得更自由。

【教师反思】

本次课可以作为最开始的几节课，作为贯穿课堂的一个内容，让同学们每天写观察日记，定期分享，感受植物的变化和自己内心的变化，更加深刻地体会生命的力量和生活的美好。

第十一章
“与植物一起发现生命的美好”

一、“与植物一起发现生命的美好”之植物曼陀罗

【团体背景】

本次活动的内容是属于团体辅导中的“植物曼陀罗”板块的内容，活动重点是通过曼陀罗制作，辅助参与者进行自我探索，提升参与者的心理适应能力和心理健康水平。曼陀罗绘画是由心理学家荣格提出来的一种艺术治疗方法，在心理治疗领域已经被广泛应用于诊断与治疗各种情绪障碍。曼陀罗制作有助于个体进入冥想状态，减少焦虑等负性情绪，获得正面的情绪。曼陀罗可以辅助提高个体的自我觉察能力及主观幸福感。本次活动通过把五颜六色的植物引入曼陀罗的制作中，引导同学们进行更好的自我觉察。

【本次团体活动目标】

通过曼陀罗的制作过程，借助曼陀罗的保护空间和秩序感，辅助同学们感受生命和进行自我觉察。

【团体时长】

90分钟。

【活动准备】

场地准备：一个安静的带会议桌的教室、一个能够采摘绿植

的空间。

材料准备：12个6英寸的一次性托盘、胶水、剪刀、水彩笔。

【课程人数】

12人。

【学生来源】

“与植物一起发现生命的美好”团体心理辅导第3课的学生。

【活动地点】

五感花园。

【活动过程】

1. 对曼陀罗理论的基本介绍。

2. 制作曼陀罗。

3. 分享。

【具体实施流程】

1. 活动前的准备

活动场地要安静舒适、轻松明快。活动需要13个座位。在每个位置放置一个托盘、一瓶胶水和一把剪刀，在圆桌上放置两套水彩笔。

2. 理论背景介绍（15分钟）

“曼陀罗”这个词语来自梵语，是“圆轮、坛城”的意思，一般以外圆内方或外方内圆为主，图案则是相互对称的。曼陀罗最初来源于佛教徒在修行时，为防止魔鬼的进入，在修法的地方修建的一座圆形土台。曼陀罗创作就是指在一个“圆”里面进行绘画创作。曼陀罗代表内心的小宇宙，常被用作静思冥想的工具。个体通过绘制曼陀罗可以使心灵保持宁静。

曼陀罗绘画主要有两种形式，结构式曼陀罗绘画和非结构式曼陀罗绘画。结构式曼陀罗绘画是指给已设计好的曼陀罗图形涂色，这些图形具有一定的对称性和重复性，涂色的过程可以将绘画者带入一种冥想的状态；非结构式曼陀罗绘画是指在圆里面进行自由绘画，绘画者可以进行任何图案的创作。

本次活动，同学们用植物的颜色替代彩绘中画笔的颜色，进行曼陀罗的创作，辅助自身进行心理层面的探索，提升心理适应能力和心理健康水平。

今天，我们准备的核心工具是一个托盘，以托盘的圆形边界作为曼陀罗的创作边界，辅助工具是一把剪刀和一瓶胶水，原料是五感花园的各种不同的花草素材。

3. 创作前冥想（5分钟）

老师：请大家闭上眼睛，采用舒服的方式，静静地跟着音乐放松自己。（开始放音乐，3分钟后音乐停）从头顶开始放松，感受自己面部、颈部、胸部、腹部的放松，感受自己手臂、手指的放松，感受自己臀部、大腿、小腿、双脚的放松。感受自己的情绪，感受大脑里出现的画面。请大家调整呼吸，用你习惯或者喜欢的速度慢慢睁开眼睛。

4. 植物采摘（5分钟）

参与者到五感花园，采摘制作曼陀罗的素材。

老师：同学们，现在请大家移步到五感花园，根据自己的喜好，进行花草的采摘。采摘的材料要能够满足创作的需要。

5. 曼陀罗制作（30分钟）

参与者根据头脑中的意象，梳理花草素材，利用剪刀和胶水，在托盘上进行自由创作。老师需要给予学生足够的时间进行创作。

老师：同学们，现在请大家梳理花草素材，根据我们头脑中的想法，利用我们准备的工具，进行曼陀罗创作。

6. 命名并描述作品（5分钟）

引导同学们观察曼陀罗作品并梳理制作过程，通过对作品的命名，引导学生进行总结性思考。

老师：同学们，请大家远距离观察完成后的作品，关注作品的结构、线条和色彩，形容一下你的感受。

带着你的创作意象和对作品的感受，为作品命名。不要刻意去想该取什么名字，而是要让灵感自然涌出，所取的名字要能涵盖你在远观曼陀罗作品时所产生的第一印象，当你心中已经想好了曼陀罗的名字，选择一支水彩笔，将作品名称标注在托盘外围，同时标注上今天的时间。

7. 小组分享（30分钟）

曼陀罗创作完成之后，老师让同学们分享自己的作品。

老师：我们现在都已经完成了曼陀罗作品的创作，接下来，我们就邀请同学们分享一下自己的作品。谁先来呢?

同学1：我的作品叫“拥有一切却又失去一切”（如图11-1所示），我首先看到了这朵橙色小花，感觉它很漂亮，就把它放在了相对中间的位置，然后把其他的花材放在了周围，在最外围放置了一圈绿色的叶子。

图11-1　拥有一切却又失去一切

老师：这朵橙色小花会让你看到什么呢?

同学1：我感觉这朵小花就像是我自己。我的性格很外向，很好相处。

老师：你的身边有很多的人能够陪伴你成长，你也能够从和自我的相处中寻找成长的力量，我感到非常感动。其他同学有什么想要分享的吗?

同学3：我感觉这个作品很和谐，处于中心位置的小花很突出。

老师：好的，那麻烦同学1选择下一个你想要了解的作品。

同学1：我想要了解“一切都是最好的安排”（如图11-2所示)。我感觉作品虽然简单，但是总体线条很清晰、清爽。

图11-2　一切都是最好的安排

同学2：我的这个作品叫“一切都是最好的安排”。因为从开始选择原材料开始，到最后完成作品，整个过程好像充满了意外，但是在看到完整的作品后，我感觉这更像是最好的安排。

我选择植物素材时，不太忍心折新鲜的花草，所以我更多地选择了已经枯萎的花草。中心花朵第二层花瓣的原始颜色都不是我预想中的。

开始的时候，我感觉无从下手，但是做完之后我发现，哪怕是枯枝败叶也都是很好的安排，我对自己的作品还是很满意的。

同学1：哇。好有创意。

老师：好的，非常棒，接下来请同学2选择你想要了解的作品。

同学2：我想要了解“花花公子”这个作品（如图11-3所示)。

同学3：大家好，我的作品是“花花公子”。我感觉这朵粉色的花很漂亮，就把它放在了中心，然后再在托盘外围进行布置。这朵粉紫色的小花有点难以处理，没有办法在平面上进行展示。我在托盘外围主要就是做了一些对称性的装饰。

图11-3　花花公子

同学1：感觉作品的布局好精致，各种元素围绕一个中心，展示了一个非常和谐的画面。

……

8. 带领者总结

老师：非常感谢同学们的分享。这次课，我们通过曼陀罗这个媒介，进行了一次创作，同学们创作出了非常完美的作品。听完同学们的分享，我很感动，我们发现了有的同学对于生命的珍爱，有的同学在与花草的相处中更好地看到了自我，也有同学单纯的就是在花草中感受和谐……曼陀罗作品的制作过程是一个很好的辅助进行自我觉察的过程，也是辅助进行自我梳理和自我整合的过程。

希望大家能够在团体的支持下，更好地探索生命、探索自我，发现成长的力量。今天的活动到此结束，我们下次再见。

【活动反思】

植物是很好的生命教育的媒介，老师能够通过植物，带领同学们进行探索。

曼陀罗工具是一个通过颜色、线条和秩序辅助进行自我探索、自我整合的工具，托盘工具给了同学们一个安全的创作空间。

【本次活动应用场景】

本次活动可以作为团体心理辅导活动的一个环节，也可以作为单次的园艺心理沙龙活动。

二、“与植物一起发现生命的美好”之手工精油皂

【团体背景】

本次活动的内容是属于团体辅导中的“打开五感”板块的内容，教学重点是通过制作植物精油，辅助学生进行正念觉察，通过制作精油皂，提升学生的心理适应能力和心理健康水平。

【活动目标】

借助植物精油和植物精油的制作过程，提升同学们的自我觉察、自我接纳和自我整合能力。

【团体时长】

90分钟。

【活动准备】

场地准备：一个安静的带会议桌的教室。

精油制作材料准备：新鲜采摘的芳香植物薄荷、迷迭香、驱蚊草、藿香，研杵、研钵，橄榄油，容量为100 mL的小烧杯，小漏斗，过滤网。

精油皂制作材料：电热锅，大烧杯，搅拌棒，模具，皂基（白色、透明色），植物色素、装饰干花。

【课程人数】

12人。

【学生来源】参加“与植物一起发现生命的美好”团体心理辅导第4次课的学生。

【活动地点】

五感花园。

【活动过程】

1. 认识芳香植物。

2. 小组分享。

3. 制作植物精油。

4. 制作精油皂。

5. 分享。

【具体实施流程】

1. 课程准备（课前准备好）

安静舒适的活动场地，13个座位。

新鲜采摘的芳香植物：薄荷、迷迭香、驱蚊草、藿香。

电热锅1个，大烧杯6个，搅拌棒6根，剪刀6把；植物色素若干，装饰干花若干；1瓶橄榄油；每个位置放置一套研钵、研杵，小烧杯、漏斗、过滤网袋。

2. 认识芳香植物（15分钟）

老师：今天，我们要进行精油制作。在制作精油之前，我们首先来认识一下我们准备的芳香植物。同学们，看一下你认识哪些植物呢?

同学1：我认识薄荷。在我小的时候，我们在家门口种了薄荷，做饭的时候奶奶经常现摘现用。

同学2：这个是驱蚊草，我家阳台就有，妈妈到了夏天会用它做一些香包来驱蚊。

同学3：这几种植物我好像都不认识，不过这个“草”的香味好像有点熟悉。

老师：这个草是“藿香”，可凉拌、炒食、炸食。藿香具有健脾益气的功效，既是食品又是中药。

我们今天也确实准备了前两位同学说到的薄荷和驱蚊草。薄荷在生活中就非常常见。驱蚊草草如其名，就像我们同学所说的，它有驱蚊的作用，在温度超过15℃时，会释放出香味，对人体无任何毒副作用。

刚刚，同学们都没有识别出来的植物是迷迭香。从迷迭香的花和叶子中能提取出具有优良抗氧化性的迷迭香精油。

活动开始，我们来调动五感，认识一下这四种植物。

首先来回忆一下，五感都是哪五感？

同学1：视觉、嗅觉、味觉、触觉、听觉。

老师：对的，接下来我们就通过充分调动五感，来全方位认识一下这四种芳香植物。

首先，调动我们的视觉。同学们，拿起你最感兴趣的植物，我们来观察一下，它们都有什么样的特点。仔细观察叶子的形状、叶脉、枝干、叶片正面、叶片背面……同学们可以仔细观察，看看有没有新发现。

之前，我在活动中给同学们说过，我们获取的信息有接近80%来自视觉。接下来，我们关闭视觉感知，从触感来感受全新的信息。请大家闭上眼睛，用手来体会植物的形状、枝干、叶脉、叶片的正面和背面。

保持闭眼的状态，大家拿起植物闻一下，仔细体会植物的香味。

大家可以拿着叶子甩一下，抓揉一下，听听植物的声音，注意自己的感受。抓揉之后，大家也可以体验一下植物的香味和之前有没有什么不同？

最后，保持闭眼的状态，大家可以尝一尝手中的植物。我们的植物都是户外天然养护的，没有使用化肥和农药，大家可以放心品尝……

接下来，我们睁开眼睛，大家可以继续选择自己感兴趣的植物，进行五感体验。

3. 小组分享

老师：接下来，同学们可以分享一下，在认识植物的过程中，大家有没有什么新发现？

同学1：当我把眼睛闭上的时候，对叶面背后的绒毛和叶脉的体验感会更清晰。这让我忽然感觉到，生活中的我好像仿佛忽略了许多东西。

同学2：当我在听叶子的声音的时候，我的脑海中浮现出了小的时候躺在树下听到的树叶的沙沙声，这是一个非常宁静的记忆。

同学3：我是一个很容易被蚊虫叮咬的人，今天看到驱蚊草，觉得非常亲切，所以我一会儿要做一个驱蚊草的精油皂。

……

老师：同学们都分享了自己的感受，希望大家在之后的生活和学习中，能够更多地调动我们的五感，增加我们的生活体验。接下来，我们带着期待，进入精油制作的环节。

4. 精油皂制作

第一阶段：植物研磨。

老师：我们在每一个座位上都准备了一套精油制作的设备，包括一套研杵、研钵，以及烧杯和漏斗。同学们首先要选择制作精油的植物，之后分享自己制作精油的成果。

选好植物之后，我们将植物剪碎放到研钵中，然后用研杵进行充分研磨，一直到植物的汁液出现为止。

我们在选择植物的时候需要注意一下，有的植物会比较容易挤出汁液，而有的植物，像迷迭香可能就比较困难，力气比较小的同学可以有针对性地进行选择。

同学1：我选的薄荷，现在已经变色了，老师快看，是不是快好了？

老师：用研杵把植物拨开并按压一下，如果汁液出来了，基本就可以了。

同学2：我选的迷迭香完全没有变化呀?

老师：迷迭香属于针叶型植物，出汁比较困难，同学们可以想一下，我们有没有更好的方法能够加速这个过程?

同学3：是不是这个萃取精油可以更早一点加入研钵里?

老师：这是一个很好的思路，同学们可以进一步思考新的方法。如果植物不够，我们可以再去花园中进行采摘。

第二阶段：精油制作。

老师：同学们看到汁液基本出来之后，就可以把我们准备的橄榄油加到我们的研钵里，继续进行研磨，用橄榄油对植物中的有效物质进行萃取。

萃取完成了的同学就可以借助我们准备的过滤网袋和漏斗，进行精油的过滤和提取了。提取好精油的同学可以进行精油皂的准备和制作工作。

第三阶段：皂基准备。

老师：今天，我们准备了透明的和白色的皂基，用电热锅煮好的热水和大烧杯对皂基进行融化。皂基融化之后，便可以加入我们萃取出来的精油，用搅拌棒充分搅匀。

第四阶段：定型和脱模。

老师：我们今天准备了不同的模型给同学们进行选择。除了同学们自己制作的精油之外，我们还准备了色素和干花，它们可以对我们制作的精油皂进行装饰，提高精油皂的美观度。

因为定型需要一段等待时间，所以同学们选择好装饰之后就可以等待作品完成了。

同学1：我做了一个小熊掌（如图11-1所示），可惜没有闻到特别的味道，不过这对于对自己的手工作品从来不自信的我来说，已经很不错了。我想把它们拿回去分享给我的同学，希望和他们分享一下我的劳动成果。

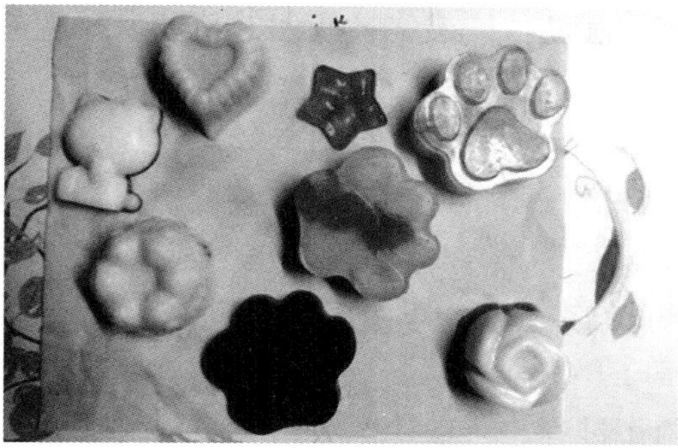

图11-1　小熊掌

同学2：我用薄荷精油制作了一朵分层玫瑰（如图11-2所示），看着自己的作品，感觉好幸福，希望我未来在大学生活也像我做的这朵花一样美好。

图11-2　分层玫瑰

5. 带领者总结

老师：刚刚，我们一起回顾了精油皂的制作过程。精油制作的确定性比较强，而到了精油皂制作，在选择分层或者增加颜色装饰这一步骤，不确定性就增加了，并且对于成品的想象，也增加了我们的好奇和期待。最终，我们的精油皂都还是被完整地制作了出来。

今天，我也给大家准备了精油皂的包装袋，同学们可以把我们今天的分享和收获与精油皂一起打包带回家。希望大家能够在团体的支持下，更好地探索生命、探索自我，发现成长的力量。今天的活动到此结束，我们下次再见。

【活动反思】

精油的制作过程，可以让学生通过沉浸式体验，缓解情绪上的焦虑。精油皂的制作过程，让同学们认识到了动手操作时的确定性和结果的不确定性。将精油皂包装好之后带走，增加了同学们的收获感和幸福感。

在精油皂的制作过程中，需要准备的材料比较多，因此需要注意工具的安全性。

【本次活动应用场景】

本次活动可以作为团体心理辅导活动的一个环节，也可以作为单次的园艺心理沙龙活动。

第十二章
“园艺团体辅导活动”

一、“园艺团体辅导活动”之堇菜种植

【活动背景】

“堇菜种植”是一个贯穿团体辅导活动的主线内容，主要包括三个环节：播种、假植、定植。活动重点是带领学生体验堇菜的“生命之旅”，引发学生对生命本质的思考与感悟。在本次活动中，教师首先让学生思考生命的性质，然后通过堇菜种植的过程，用生命影响生命，引导学生观察植物生长的过程，从而让学生树立正确的价值观。

【活动目标】

让学生从植物生长的过程中感悟到人的生命力，珍惜生命，热爱生命，充实、有担当地活着，勇敢承担起自身的责任，不断地奋斗、超越，去实现自己的价值。

【活动时长】

90分钟。

【活动准备】

堇菜种子若干，育苗穴盘，防水标签，镊子，泥炭，垫底纱网，剪刀。

【活动人数】

40人（8组，每组5人）。

【地点】

香农花园（学院室外平台）。

【活动过程】

1. 学生按组别领取堇菜种子，每组5人，每人3颗种子。

2. 学生自行完成裁剪穴盘、配土、播种的全过程。每人1个穴盘。

3. 提醒学生制作标签，标记个人姓名和组别。

4. 教师总结与学生互动。

【具体实施流程】

1. 知识引入

堇菜是堇菜科堇菜属的多年生的草本植物。

首先，堇菜喜欢凉爽的环境，在5℃以上可以正常生长，超过30 ℃则生长受阻，耐寒性较强，在长江流域可以露天过冬，一般最低可耐–10 ℃的低温。

其次，充足的阳光对堇菜的生长至关重要。光照不足会使堇菜的枝条纤细柔弱，花量变少甚至不开花。每天6小时以上日照或者全阳环境（注意：最高温度不高于30℃）下生长的堇菜株型紧凑、枝条粗壮、花量丰沛，可以轻松打造出饱满的造型。

最后，盆栽的堇菜需要放置在通风良好的环境中，空气不流通会导致植株发生霉变等病害，严重的会导致死亡。

堇菜主要以播种繁殖为主，操作方便、简单，新种子的发芽率可以达到90%以上。

当最高气温降至30 ℃以下，并且后续气温大体不会再升高的时候就可以播种堇菜了。一般而言，堇菜在播种后大概一周时间内便会发芽。

2. 内容布置

本次种植课选择的堇菜品种有褶皱边的闪现系列，有来自日本泷井（TAKII）园艺的花力系列、古风系列，美国泛美公司培育的果汁冰糕系列，等等。每个人分配四粒种子（一个种子瓶），剪裁育苗穴盘，穴盘的每个格子只能播种一粒种子。

大约1周之后，堇菜就会发芽，等到长出4～5片叶子的时候就可以进行假植了。当假植后的堇菜的根系长满后，我们就可以对它进行定植了。

3. 播种

剪裁穴盘，剪裁四个小的垫底纱网，将垫底纱网放进四个穴盘格子中。

穴盘简介：用于大棚生产播种的穴盘，每个格子都相当于一个微型花盆，下面有透水孔，防止植物被水淹死。

用镊子轻轻夹取种子放在土壤表面，轻轻压一下使种子与土壤充分接触，但不要压进去，否则种子会淹死。

由于植物生长时间限制，本次只在课堂上完成播种的过程，后续的假植和定植操作可在后面的课程或课下进行。

4. 假植

堇菜播种后大约一周时间就会发芽，等到长出4～5片叶子的时候就可以进行假植了。

可以用8～10 cm口径的小盆作为假植容器，也可以使用可降解的育苗杯作为假植容器。切记，假植容器不可过大。

假植后可以施一些速效液肥，促进堇菜的根系和枝叶的生长。建议薄肥勤施，可以每次浇水时都施肥。

5. 定植

当假植后的堇菜根系长满后我们就可以对它进行定植了。

定植容器不需要太大，对于单棵角堇，可以选择1加仑的盆，2加仑的盆可以种植1～3棵角堇。

定植后将堇菜置于阳光充足、通风良好的环境中，勤浇水、施肥，堇菜很快就可以长满一大盆。

6. 学生感受

学生1：在忙碌的学习中，我们总是注意不到花草在无形中给我们带来的赏心悦目的感觉。也许是之前没有种植的经验，竟不知一粒比芝麻还小的种子能够在我们的浇灌施肥下变成娇艳欲滴的花朵。我在观察植物每天的细小变化中去寻找一份满足，获得一份喜悦。花红叶茂一定是美好的，并且在这一美好的过程中同样有着许多乐趣。

“等一朵花开，需要很多的耐心和微笑。”从堇菜种植的体验中，我深深感受到了这句话的魅力。

学生2：种植堇菜给我的感觉不是完成某个既定的任务，而是通过用自己的双手去播种，用自己的情感去浇灌，最后与自己的内心产生共鸣，最后看到自己培育出来的堇菜茁壮成长、开花。在准备阶段，需要准备培养盒、网兜、培养土、培养液……弄完这一切，虽然鞋子上、手上还有身上全是泥土，但是当种子被埋进土壤的那一刻，所有不堪顿时飘到了九霄云外，剩下的只有对新生命诞生的期望。从那以后，即使我每天被学习上的重担压得喘不过气，我都经常会抽时间去种堇菜的香农花园，去给新生命浇水，去看它发芽、成长。因为是自己给予了它生命，所以我还多了一种责任感，会担心水会不会浇少了或者浇多了，会担心每天阳光有没有晒足，会在大雨的夜里担心它能不能挺过去……我基本上都没发现它长大了，但是和前一两周拍的照片比起来它确实是长大了。这让我想起了我妈妈常感叹的一句话：每天在身边蹦跶没怎么发现，不知不觉，孩子都这么大了。在我的眼中，这堇菜也就像自己的孩子一样，而我只希望它能够快乐地茁壮成长。所幸到最后，我种的堇菜也没有辜负我的付出，长得特别的茂盛，一副生机勃勃的样子，开出的花朵虽然不算是很绚丽，但我觉得它就是比玫瑰、牡丹漂亮，它在我眼中就是最美丽的花朵。最后，我特别感谢上学期有这一盆堇菜的陪伴，它真的让我的生活多出了许多色彩，让我对未来的美好生活有了期盼。

7. 活动总结

教师：通过播种堇菜，我相信同学们也有了自己的思考。可能对于大部分同学来说，这是我们第一次意识到生命原来如此渺小，甚至我们会怀疑这颗小种子究竟能否长成一株健康的植物，能否开出绚烂的花朵？在接下来的几个月里，大家需要自己来照看堇菜，见证堇菜的成长。当然，如果疏于浇水和晒太阳，堇菜有可能无法发芽或者无法正常发育到可以移栽入盆，所以请大家一定要付出足够多的爱心和耐心去照看它。

【教学反思】

学生们的堇菜在经过一个冬天之后，开出了绚烂的花朵，学生们也会经常来花园养护和欣赏他们种的堇菜。在今后的课程中还可以进行以下改进：以小组为单位制作“堇菜成长日志”，让学生们记录下堇菜在每一个阶段的样貌，这样更能直观地体现堇菜的生命力。

二、园艺团体辅导活动之“园艺，寻找生命的意义”

【小组名称】

“园艺，寻找生命的意义”小组。

【小组目标】

短期目标：感悟到每个生命的独特，恢复或增强自信心和社会交往能力。

长期目标：提升生命意义感，学会尊重、珍爱生命，逐渐找到自我的生命的意义，感恩生命。

【小组性质】

小组类型：教育、成长小组。

小组规模：通过招募，选取8名校内学生，男女比例为1∶1。

活动时间：每周1次，共6次，每次约70～100分钟。

活动地点：校园内，具体地点根据每次活动内容有所变化。

【招募方法】

采用自愿参与报名的方式进行招募；在校园设置招募点，制作、张贴海报，然后由工作人员进行宣传和招募。

【实施方案】

小组活动策划方案见表12-1所列。

表12-1　小组活动策划方案

主题	目的	内容	内核
有缘相识，生命来源（小组初期）	1. 建立小组。 2. 让小组成员带着思考和实际体验进行此次小组活动	1. 带领者自我介绍，介绍本次活动的目的、意义。 2. “破冰”活动（小组成员互相认识）。 3. 观看生命起源相关纪录片（科普片），探讨生命的起源。 4. 抛出与生命意义相关的问题（引导小组成员思考和领悟）	认识生命
五感体验，播种“生命”。（小组初期）	认识植物独特的生命	1. 进行“五感”体验。 2.播种植物	
生命中的“动”与“静”（小组中期）	1.加强小组成员间的联结。 2.“动”“静”结合，进一步感悟生命	1. 小组活动。 2. 活动后，品尝花草茶，也在品尝过程中分享与他人一起活动的感受	感悟生命
照料“生命”，感悟生命（小组中期）	1. 加深与植物的联结。 2. 观察植物的同时感悟生命，感受自己在成长历程中遇到的挫折或开心的事	1. 翻土。 2. 观察植物的变化，结合自己的一些经历分享自己的心情和感受	

续表

主题	目的	内容	内核
寻找最美的树和叶，关注其他“生命”。（小组中后期）	静下来去感受周围环境中“美”的事物	1. 在校园内寻找自己觉得最美的树和叶，然后拍照记录。 2. 分享自己找寻的经历和谈谈为什么觉得这棵树或这片叶子最美	探寻生命
独特的你，探寻生命意义。（小组后期、结束期）	1. 感受收获植物的喜悦。 2.小组成员互相指出优点 3.引导大家思考生命的意义，让小组成员带着这样的思考更好地去生活	1. 手工活动：植物拓印或制作植物书签。 2. 小组活动：指出优点。 3. 分享：自己的收获。 4. 引导小组成员再次思考生命的意义	探寻生命

【小组概况】

1. 小组成员

人数：8。

性别比为1∶1。

年级分布：大一、大二、大三。

2. 过程概况

带领者为更好地掌握小组成员的动态变化和即时调整活动方案，在第二、三、四、五次园艺小组活动结束后，都安排了个别访谈，并且每次被访谈的成员均不同。

为保护小组成员隐私，8位小组成员在下文分别用“A、B、C、D、E、F、G、H”代替。

本次园艺小组活动总计小组成员8人、活动6次，其中有2名组员分别因为学院事务和个人事务各缺勤1次。整体出勤人次为46人次，整体出勤率为95.8%。小组组员除了客观原因之外都按时参加了园艺小组活动，小组成员的参与度高。

每次活动方案与过程记录评估

一、第一阶段：认识生命

（一）第一次园艺小组活动

1. 活动方案见表12-2所列。

表12-2　园艺小组第一次活动方案

活动主题	有缘相识,生命来源
活动目的	1. 建立小组。 2. 让小组成员带着思考和实际体验进行此次小组活动
活动时间	2020.11.23
活动地点	学生活动中心4楼
活动流程	1. 带领者进行自我介绍,并介绍本次小组的概况。(约10分钟) 2. “破冰”活动(小组成员互相认识)。(约25～30分钟) 3. 小组成员一起商量小组规范。(5分钟) 4. 观看与生命起源相关的纪录片。(约30分钟) 5. 纪录片结束后,让组员思考一分钟,然后邀请组员分享对生命的新的认识。(约5分钟) 6. 带领者抛出与生命意义相关的问题。(约5分钟)
所需资源	1. 协调好播放纪录片的场地。 2. 提前准备好纪录片

2. 小组分享与评估见表12-3所列。

表12-3 第一次小组与评估

分享环节	带领者:参加这个小组有什么感受吗? A:跟自己最开始想象中挺不一样的。 带领者:哪里不一样呢? 可以试着说说吗? A:不是很普通的活动,感觉比想象中有趣。 带领者(点头微笑):今天有什么样的收获吗? A(思考片刻后说道):这个纪录片挺震撼的,以前的我都没有去想象过生命的起源是什么,而在看完这个纪录片后确实有很多启发。今天的活动,还有纪录片,让我的心情平复了许多。 带领者:好的,谢谢你
小组评估	目标达成情况:初步达成此次目标,小组成员互相认识,也启发了一些组员对生命的思考。 带领者总结与反思:破冰活动是否可多设置一两个? 在整个活动环节中,组员们还是比较拘束。特别是在商量小组规范的环节,组员们几乎都一声不吭,谁都没有主动站出来说话

(二) 第二次园艺小组活动

1. 活动方案见表12-4所列。

表12-4 园艺小组第二次活动方案

活动主题	五感体验,播种“生命”
活动目的	认识植物独特的生命
活动时间	2020.11.27
活动地点	学生活动中心4楼

续表

活动流程	1. 进行“盲行五感花园”活动。(约20～25分钟) (1)热身小游戏:水果蹲、传话游戏。 (2)带领者介绍此活动。 (3)带领人带着小组成员在五感花园中盲行,并在走走停停的过程中“闻、摸、听、尝”花园中的植物。 (4)盲行结束后再睁开眼漫步花园,体会与刚才不同的感觉。 2. 在结束两次漫步后,伴随着轻音乐,组员进行总结和分享。(约10～15分钟) 3. 播种植物、绘制花盆。(约20～25分钟) (1)领取播种植物需要的花盆、小铲,开始自行播种。 (2)根据自己的想象绘制花盆。 4.分享播种过程中的心情。(约10～15分钟)
所需资源	1. 眼罩。 2. 花盆、种子、铲子、土

2. 小组分享与评估见表12-5所列。

表12-5　第二次小组分享与评估

分享环节	带领者:对于今天的活动,大家有什么样的感受呢? E:我觉得盲行五感花园挺有意思的,在一开始闭眼的时候其实没有太多安全感,但是走着走着就发现我挺信任队友的,不会担心摔倒
小组评估	目标达成情况:达成目标。在盲行五感花园环节,组员们与植物建立了联结,而在播种生命环节则加深了与植物的联结。 带领者总结与反思:总的来说,这一次的小组目标达成情况较好,但是没有考虑到盲行五感花园环节中带领人的感受。其他组员都是在蒙眼盲行的情况下体验了五感花园,而带领人全程睁眼带路,从而导致带领人在与植物联结的过程上会慢一点

3. 个别访谈记录见表12-6所列。

表12-6　第二次小组个别访谈记录

访谈对象	E
访谈时间	15分钟
访谈内容	带领者:在经历过两次活动后有什么感受吗? E:课程比想象中更有趣。 带领者:活动中有哪些让你觉得有意思的地方呢? E:第一次活动看的纪录片让我觉得很震撼,把我一下带入远古时期,然后自己也在思考生命的来源是什么。 带领者:挺好的,还有什么其他的感受吗? E:还有就是今天的活动,让我对生命有了新的认识和期待,也开始思考自己的生命。因为我在读书的时候,整个生活都是学习,没有静下来去好好地思考生活和生命。在园艺小组中,我觉得自己会越来越好。 带领者(带着微笑点头并望着对方):挺不错的感受。好的,谢谢你。 E(比较开心的微笑):嗯
观察与评论	第一次小组活动让E同学对生命有了新的认识,眼界开阔了。第二次小组活动让E同学回想、反思了自己以前的生活状态,然后开始思考生命的意义

二、第二阶段:感悟生命

(一) 第三次园艺小组活动

1. 活动方案见表12-7所列。

表12-7　园艺小组第三次活动方案

活动主题	生命中的“动”与“静”
活动目的	1.加强小组成员间的联结。 2.“动”“静”结合,进一步感悟生命
活动时间	2020.12.4
活动地点	学生活动中心4楼

续表

活动流程	1. 小组活动。最后一个活动结束后,小组成员进行分享。(约30~35分钟) 2. 活动后,小组成员伴随音乐静下来品尝花草茶,也在品尝过程中分享与他人一起进行活动的感受。(约20~25分钟) 3. 分享活动感受。(约10~15分钟)
所需资源	1. 音乐播放器和音乐。 2. 茶(玫瑰、栀子果、蓝蝶花、洛神花等)

2. 小组分享与评估

表12-8　第三次小组分享与评估

分享环节	带领者:在小组活动结束后有什么感受吗? H:我在闭眼之后其实没有太多安全感,但是动着动着,想象着自己在森林当中化身为动物,感觉就很棒。 B:整个活动比较放松,让我有融入进去的感觉。 带领者:还有组员想分享吗? G:其实刚闭眼的时候,我觉得没有多少安全感,同时也不是很放得开。但是没多久,发现大家都开始学动物,我也融入其中。就在这一过程中,我想象着自己是森林中的一员,与其他生命联系着,也在这个大环境中感受到了探索生命的感觉,觉得其他生命和人类一样,都可以多姿多彩。 带领者:大家可以聊一聊上周自己选择的种子是什么品种吗? 自己在绘制花盆中的想法是怎样的呢? C:我在花盆上半部分画了云朵和蓝天,下面是一朵花,花的旁边有彩虹,寓意就是希望我的植物能茁壮成长。 带领者:画得挺好看,也有挺不错的寓意。 E:我在花盆上画了一朵大花和许多朵小花,希望我的植物能开得热烈且奔放。至于后面橙色的背景,则是因为失误,不过现在看起来还好。 带领者:哈哈,虽然当时“失误”了,但是过后来看或许有不一样的体会。 F:我调了粉色的颜料,是因为自己比较喜欢这个颜色。花盆上的“鹅”字是我的绰号。 带领者:你有了属于自己独一无二的植物和花盆,不错。还有同学想分享吗?

续表

小组评估	H:我的花盆上画了黄色,我构思的是将花盆画成蜂蜜罐的样子,上面的黄色指溢出来的蜂蜜。我希望我的种子可以慢慢长大。 带领者:带着希望播种和绘画,我相信植物也能体会到你的心情。大家在播种过程一定也都带着自己独特的想法和希望,绘制了属于自己的独一无二的花盆,挺棒的! 目标达成情况:基本达成此次小组目标。在小组活动后的分享环节,大家明显变得更加积极主动。 带领者总结与反思:本次的活动设计很不错,总共四个活动,层层递进,大家的参与度越来越高,也越来越放得开

3. 个别访谈记录见表12-9所列。

表12-9　第三次小组个别访谈记录

访谈对象	D和F
访谈时间	20分钟
访谈内容	带领者:三次活动过后有什么感受吗? F:感觉越来越放松,很好玩。 D:有慢慢融入和沉浸的感觉。 带领者:可以谈谈你印象比较深的活动吗? F:我对领取种子绘制花盆的活动印象很深刻,自己播种植物有一种当妈妈的感觉,让我觉得有一份责任感,想要照顾好这个生命。 D:我对盲行五感花园的印象很深刻。因为我在一开始没有太多安全感,但是把手搭在组员的肩上后,慢慢地有了一份踏实感,然后也可以慢慢沉浸在花园中与植物进行接触。 带领者:好的,挺不错的感受。那在这几次活动中,自己在认识生命、感悟生命方面有什么变化吗? 播种种子那个环节让我有一种对生命和生活充满希望的感觉。 带领者:好的,谢谢你们。下周见! D同学比较害羞腼腆,但在多聊几句后慢慢有所放松。F同学谈到在播种环节过后自己对生命和生活有了一种充满希望的感觉,这说明与植物的联结给她带来了“希望感”

（二）第四次园艺小组活动

1. 活动方案，见表12-10所列。

表12-10　园艺小组第四次活动方案

活动主题	照料“生命”，感悟生命
活动目的	1. 继续加深与植物和他人的联结。 2. 观察自己栽种植物变化的同时感悟生命，感受自己在成长历程中遇到的挫折或开心的事
活动时间	2020.12.11
活动地点	学生活动中心4楼
活动流程	1. 热身活动：狂风暴雨。（约5分钟） 2. 小组活动：解绳结。（约15～20分钟） 3. 在五感花园里寻找植物，然后试着清洁和感受每一片叶片。（约10分钟） 4. 压花，两周后期待其变化。（约30分钟） 5. 互相分享照料植物和压花的感受，再结合自己的一些经历分享自己的心情和感受。（约15～20分钟）
所需资源	1. 便利贴、笔。 2. 喷壶、铲子、纸。 3. 压花板、泡沫、吸水纸

2. 小组分享与评估，见表12-11所列。

表12-11　第四次小组过程记录与评估

分享环节	带领者：大家现在是什么样的心情？在今天的活动过后有什么样的感受呢？ F：寻找植物的过程很有趣，压花的过程很愉快且轻松。 H：我很喜欢一朵花，但是担心自己摘掉它后破坏它的美感，就只摘了一片花瓣。 带领者：看来大家对其他生命都是很温柔、心存爱意的
小组评估	目标达成情况：基本达到了此次活动的目标。热身和小组活动进一步加强了组员之间的联结，并且这一次活动极大地锻炼了学生的团队协作能力。 带领者总结与反思：在压花环节，多数组员感受到的是愉快和轻松，如何让组员进一步感悟生命呢？是否可对环节做调整或是对活动内容进行更改呢？

3. 个别访谈记录见表12-12所列。

表12-12　第四次小组个别访谈记录

访谈对象	A、G、H
访谈时间	30分钟
访谈内容	带领者：活动进程已过三分之二了，有什么感受吗？ H：感觉每一次活动都比较轻松，自己也挺放松的。 A：每周的活动都比较轻松有趣。 G：我对之后的活动更加期待了。 带领者：有什么印象比较深的活动吗？或是对自己影响比较大的活动？ G：第二次的“盲行花园”活动很新奇有趣，我对第三次品尝花草茶的活动印象深刻。 A：我对品尝花草茶的活动印象深刻。然后第一次活动的纪录片对自己的影响其实挺大的，我本来是一个比较急性子的人，吃饭都会很匆忙的那种，但是在第一次活动过后，自己能慢慢地慢下来，也能慢慢地去留意生活的细节了。 H：我印象比较深的活动是播种生命，它带给我一种很奇妙的感觉。我对第一次活动的“你的名字”这一游戏也挺有印象，因为第一次见面大家都不熟悉，这一游戏让大家快速熟络也记住了彼此的名字，那种感觉很不错。 带领者：几位同学都有认真参与到活动中去，好好地去感受。那大家在认识生命、感悟生命方面有什么变化吗？ （此时，三人不约而同地沉思了一分钟左右） A：我先来说吧。每周我都在期待着这个活动。因为周一到周五的课程很多，作业和事情也都挺多的，很累，但是不知道为什么，每次参与活动后自己都会很放松。我觉得植物其实挺能影响自己的情绪的吧，让我能更好地感受其他生命。 G：这次小组活动让我觉得很惊喜的就是与我前两年在学校参加的活动都不同，因此在第一次活动过后我就开始期待后面的活动，其实我是一个同理心比较强的人，但是之前都是和动物的联结多一点。经过这几次活动，我好像也能慢慢地与植物产生联结了。 H：我其实也是一个感知力比较强的人，以前对于植物，只是觉得漂亮。但是现在，我能够从不同角度去看待植物，能更好地去欣赏植物的独特之美

续表

访谈内容	带领者:非常感谢大家的分享。其实我们的改变可能是无声无息的,也许自己暂时感觉不到,但某些能力也许就在慢慢得到提升。就比如说有组员说以前只与动物的联结比较深,而现在对植物也有那种感觉了,这其实就是一种能力的提升
访谈内容	带领者:好了,今天的访谈就先到这里。希望几位同学在后面的活动中依然能够融入其中,再见! A、G、H(开心地微笑并点头):再见!
观察与评论	参与本次访谈的三位同学的性格都相对大方一点,但刚开始访谈的时候还是略显拘束。大概过了三四分钟后,同学们逐渐放松下来,每人都比较积极地分享感受。从访谈中可以看出,三位同学都明显感觉与植物、与他人的联结加深,并且感悟生命的能力都得到了提升

三、第三阶段:探寻生命

(三)第五次园艺小组活动

1. 活动方案见表12-13所列。

表12-13　园艺小组第五次活动方案

活动主题	生命中的其他“生命”
活动目的	1. 引导组员静下来去感受周围环境中“美”的事物。 2. 在探索“美”的过程,也是在加深自我的内在联结
活动时间	2020.12.18
活动地点	校园内
活动流程	1. 小组活动:画出我心中的美丽植物。(约10～15分钟) 2. 让组员们听着轻音乐放松下来。(约5分钟) 3. 热身活动。(约5分钟) 4. 在校园内寻找自己觉得最美的树和叶子,然后拍照记录。(约35～40分钟) 5. 分享自己寻找的经历并谈谈为什么觉得这棵树或这片叶子最美。(约15～20分钟)
所需资源	1. 纸、画笔。 2. 音乐播放器和舒缓的轻音乐

2. 小组分享与评估见表12-14所列。

表12-14　第五次小组分享与评估

分享环节	F:我比较喜欢老树,去找寻的路上找到了这棵树,这棵树给我一种很安稳的感觉,所以我选择拍摄它。 C:我画的最喜欢的植物是小草,我喜欢它们生机勃勃的样子。我找到的最美的树是这一棵,因为我觉得它发芽的状态很美。所以我从不同角度拍摄了它
	H:我很喜欢向日葵,所以画了它。喜欢的原因是因为它好看又可以吃。我去寻找最美的树,走着走着一下就看中了这一棵有红色果子的树,我又看了一下它的绿叶,突然觉得红配绿好好看!然后我又查了一下这棵树的简介,看完之后就更喜欢了。 A:画这幅画的原因是我喜欢满天星,感觉它单纯、美好。在寻找最美的树和叶子的过程中,我一眼看中了学校的银杏。这是因为我家那边很少有银杏,所以在这边的第一年看到这么多成片的银杏树感觉非常的美。我还拍了红叶,是因为我觉得它们像枫叶,很美,也很好看。 E:我在校园中逛了很久,走到品学楼这边,发现了一棵不一样的银杏树。为什么觉得这棵树很特别呢?是因为旁边的树都秃了,而它依然茂盛,所以我选择拍摄这棵树
小组评估	目标达成情况:组员们不再局限于身边的生命,开阔了眼界。 带领者总结与反思:在校园里寻找最美植物的时候,组员们的脚步慢了下来,心静了下来,并且在这样的条件下探寻生命的意义

3.个别访谈记录见表12-15所列。

表12-15 第五次小组个别访谈记录

访谈对象	B和C
访谈时间	20分钟
访谈内容	带领者:有什么印象深刻或是对自己影响比较大的活动吗? B:种花的那一次活动对我影响挺大的,因为我感受到了自己的责任,觉得生命更有价值了
访谈内容	C:我印象最深的是“五感花园”盲行活动,因为蒙眼行走的感觉很不一样,然后再次睁开眼睛去感受植物的时候又更不一样了,就感觉生命很神奇,植物也很神奇。 带领者:大家在认识生命、感悟生命方面有什么变化吗? B:我希望成为外表看起来平静但是内心活跃的人。 C:其实我是一个没有太多期待的人,对于很多事物都没有太多的感受和期待。但是自从那一次播种活动过后,我感觉自己要去照顾植物,每天看到它的变化,觉得内心开始有期待了。 带领者(点头微笑):那在探索生命方面有什么收获吗? (两位同学思考半分钟) B:在这个过程中,我慢慢体会到每个生命都有价值。 C:在喝花草茶那一次,通过品尝其味道,我感觉自己和植物是有联结的。 带领者:大家都有挺不错的感受。好的,下周见啦! B、C:好的。
观察与评论	两位同学的性格都比较内向,C同学尤其害羞。但是在访谈过程中,明显感觉两位同学的表达能力相较于第一次访谈的时候有所提升。B同学认识到了每个生命都有价值,C同学加强了与环境的联结,变得充满了希望。

（二）第六次园艺小组活动

1. 活动方案见表12-16所列。

表12-16 园艺小组第六次活动方案

活动主题	独特的你，探寻生命意义
活动目的	1. 感受收获植物的喜悦。 2. 指出小组成员的优点。 3. 照应第一次活动，引导大家思考生命的意义，让小组成员带着这样的思考更好地去生活
活动时间	2020.12.25
活动地点	学生活动中心4楼
活动流程	1. 热身活动：狂风暴雨。（约5分钟） 2. 手工活动：制作植物书签。（约25～30分钟） 3. 小组活动：指出小组成员的优点。（约15分钟） 4. 带领者引导小组成员再次思考生命的意义。（约5分钟） 5. 分享：自己在整个活动中的收获和改变。（约20～25分钟）
所需资源	1. 书签。 2. 制作书签所需的塑封和保护膜等。 3. 便利贴和笔

2. 小组分享与评估见表12-17所列。

表12-17 第六次小组分享与评估

分享环节	带领者：这是本次小组最后一次的分享环节了。大家可以谈谈自己在整个活动中的感受、收获和改变吗？ E：在这一过程中，我自己变化最大的一点就是更自信了。第一次活动的时候，我不想拍合照，因为我平时不是一个喜欢拍照的人。但是参加了几次活动后，我发现自己越来越敞开心扉，也乐意拍合照了。 G：我其实是一个有梦想的人，以前也相信自己能够在世界上做点什么，但是在这几年的生活中，这种自信和想法慢慢消失了。然后在园艺小组的活动中，我好像又有动力了，发现自己能够和其他生命联结在一起，也更有自信心了。 H：我在一开始觉得有点虚无、迷茫。这种感觉在上大学后就越来越明显，特别是现在又面临考研、工作等现实压力。面对这样的情况，我觉得各大高校需要开展生命教育。我觉得园艺小组的活动能让人放松下来，然后其中又有生命教育，这正是我们所需要的。所以，这样的课和活动应该多一点

续表

	A:我其实是一个忍受不了自己拖沓的人,就比如对一周的作业,我会在一个下午或者一个晚上全部做完,然后其他时间能空下来继续学习其他的内容。这次的园艺小组给我带来的变化挺大的,我感觉自己能慢下来去感受生活,并且更注重生活的细节了。 F:这一次的园艺小组给我最深刻的感受就是让我能从细微之处去体会生命和生命的意义。以前在阅读哲学书籍时会觉得生命的意义是很大的东西,但是在活动过后,我能从现实中很小的细节感受生命的意义了。 带领者:好的,大家都有着很多的感受。 带领者:大家在这次园艺小组中有了很多收获,也有属于自己的改变,我其实是非常开心的。因为我在这一过程当中,也在找寻属于我自己的生命的意义,发现自己其实也是在成长。我看到大家越来越熟悉、相处越来越自然、分享也越来越积极主动、与植物有了更多的联系,我也越来越开心,这一次的园艺小组之旅即将结束,我相信这一次的体验也会陪着你们成长,让你们更好地认识生命、感悟生命和探寻生命的意义
小组评估	目标达成情况:达成目标。在手工活动环节,各位组员互相帮助,小组活动环节气氛温馨。 带领者总结与反思:小组活动环节比以往任何一次都更加温馨和自然,组员们真挚地表达着想法。在最后,带领者要提前处理好组员们的“离别情绪”

参考文献

[1] 马川."00后"大学生心理健康水平的实证研究——基于近两万名2018级大一学生的数据分析[J]. 思想理论教育,2019(3):95-99.

[2] 奚宾.佛系与狼性:大学生心理分化与应对[J]. 教育评论,2019(8):41-46.

[3] 海景景.新媒体环境下高校大学生人际交往能力提升策略研究[J].产业与科技论坛,2022,21(1):273-274.

[4] 孙国胜,薛春艳.生命教育视野下的大学生心理健康教育[J].学校党建与思想教育,2020(21):71-72.

[5] 舒曼玲,廖心仪,秦露露.后疫情时代长沙市在校大学生心理健康状况及影响因素[J].中国健康心理学杂志,2021,29(21):1712-1717.

[6] 杨兴洁,高岚,张索远,等. 新冠肺炎疫情期间大学生心理状况及其与社会支持的关系[J].精神医学杂志,2020,33(4):241-246.

[7] 陈晓,王博,张豹.远离"城器":自然对人的积极作用、理论及其应用[J].心理科学进展,2016,24(2):270-281.

[8] 孙雨亮."园艺疗法"的内涵及其演变[J].中国科技术语,2015,17(2):58-61.

[9] 孙雨亮.园艺治疗起源与发展概览[J].广西民族大学学报(自然科学版),2015,21(4):48-53.

[10] 李树华.园艺疗法的起源与发展[J].农业科技与信息(现代园林),2013,10(4):1-2.

[11] 樊富珉.我国团体心理咨询的发展:回顾与展望[J].清华大学学报(哲学社会科学版),2005(6):62-69+109.

[12] 汤晓霞.表达性艺术治疗的浅议及运用[J].赤峰学院学报(自然科学版),2011,27(12):199-201.

[13] 黄皎,魏叶莹,董汉松.表达性艺术治疗对大学生人际关系的干预研究[J].当代教育实践与教学研究,2019(2):218-219.

[14] 章学云.表达性艺术治疗研究综述[J].上海教育科研,2018(2):78-81.

[15] 翁洁.表达性艺术治疗团体辅导对大学生团体归属感的影响研究[J].开封教育学院学报,2019,39(4):161-163.

[16] 王新宇.园艺疗法对抑郁青少年身心影响的研究[D]. 成都:成都医学院,2016.

[17] 李玥.提升大学生生命意义感的EML园艺小组模式研究[D]. 成都:西华大学,2021

[18] 刘鸿娇.园艺课程对大学生心理健康水平的作用研究[D]. 成都:电子科技大学,2018.

[19] 王庆菊.基于中国知网的园艺疗法研究文献计量分析[J].辽宁农业职业技术学院学报,2022,24(1):60-64.

[20] 薛琳,谷强."蜗牛的家"——园艺疗法应用于打工子弟关护课堂的案例[J].现代园艺,2018(18):228-233.

[21] 李凌云,孙爱华,李洁.园艺疗法对提高贫困大学生积极心理品质的作用[J].现代园艺,2021,44(21):6-7+9.

[22] 张蕾,颜佳,张玉霞,等. 园艺疗法对大学生抑郁症状干预研究[J].黑龙江科学,2021,12(14):46-48+51.

[23] 湛蕾,周颖,姜心慧,等. 园艺团体辅导对小学生焦虑与注意力的影响[J]. 2020,20(3):82-92.

[24] 贾晓波,陈世平. 学校心理辅导实用教程[M]. 天津:天津教育出版社,2002.

[25] 李瑞瑞. 论加强高校心理健康教育的理论创新和实践应用[D]. 合肥:安徽大学,2010.

[26] 王苏妍,刘建春. 心理健康教育第二课堂实践探索[J]. 锦州医科大学学报(社会科学版),2021,19(2):82-85.

[27] 温金梅. 学校体验式心理健康教育有效实施的路径探析[J]. 教育理论与实践,2018,38(8):20-22.